除非根據聖經的教訓或
明確的理由證明我錯了，否則，
我不願也不能收回任何東西，
因為違背良心，是既不穩妥，
且是危險的……這就是我的
立場！願上帝幫助我。

——馬丁路德

回到根源去

福音信仰與改教精神

鄧紹光　主編
Andres S K Tang

▼

系統神學叢書

回到根源去

福音信仰與改教精神

Back to the Root

Evangelical Faith and the Spirit of Reformation

主編
鄧紹光 Andres S.K. Tang

責任編輯
駱穎佳

裝幀設計
伍愛清

■

出版 / 發行
基道出版社
香港沙田火炭坳背灣街 26 號富騰工業中心 10 樓 1011 室
LOGOS PUBLISHERS
Unit 1011, 10/F, Fo Tan Ind. Centre, 26 Au Pui Wan St., Shatin, Hong Kong
電話：(852) 2687-0331　傳真：(852) 2687-0281
網址：https://www.logos.com.hk

承印
Cre8

●

8/1999 初版　3/2021 初版 POD 版
Cat. No. LP216A
ISBN-10: 962-457-155-4
ISBN-13: 978-962-457-155-4

刷次	10	9	8	7	6	5	4	3	2	1
年份	2030	2029	2028	2027	2026	2025	2024	2023	2022	2021

前言

基督新教的信仰並非橫空而來，無中生有。今日新教中許多華人教會在強調回到聖經去之餘，似乎以為教會的歷史不值一提，無可學習，這完全是一種非歷史的心態。至少，必須承認今日的基督新教乃昔日路德(Luther)、慈雲理(Zwingli)和加爾文(Calvin)所掀起、推動的宗教改革運動的歷史效應。至少，今天華人教會那種跟羅馬天主教會分離的意識，乃承繼昔日的種種歷史因緣，撇下是對是錯的問題暫且不提，無人可以説他先天地就具備這種意識。

過去了的歷史真的過去了嗎？一方面人是傳統的產物，當下的信仰總是歷史的再生表現。另一方面人能反省提問，他帶著當前生存處境的種種問題去回顧前人走過的路。這兩方面恆常交織一起，又或是好像一個錢幣的兩面。重要的是，在這一過程中，我們尋找並建立自己的身分，也以此來開拓前路。進入過去，並非自絕於將來。剛相反，因為關注當前要走向的將來，所以進入過去嘗試打開那寬闊的視域(horizon)，以求更能為自己定位和定向。於是，回顧歷史，乃生命不可或缺的動作。

基於這樣的信念，筆者編輯眼前的文集。當然，這不是一本對改教精神和路德的福音信仰面面俱到的討論。作為文字的紀錄，它要起的作用是挑起歷史意識，進一步直接追尋、翻查、閱讀、細想路德、慈雲理、加爾文等人的心靈。這是筆者願意看到的歷史效應：回到根源去。必須補充的是，這裏的根源方指新教信仰的歷史根源，並無任何意味表示我們忽略信仰的根源乃上帝的道，而這正是改教神學家異口同聲所高舉的。

本文集所收文章來源不一，茲交待如下。第一部分伍渭文的文章出自《崇真會訊》九八年四、六、八月號；鄧肇明頭四篇文章原刊於《佳音月報》六八年十一月號和七〇年六月、十一月、十二月號，最後一篇文章則出自《信義宗神學院鑽禧紀念特刊》（香港：信義宗神學院，1973）。第二部分理論篇原文發表於信義宗神學院九六年秋學期的週五專題聚會，處境篇的文章則主要刊於九八年一月至四月的《時代論壇》，除鄧紹光一文出於《信義報》九七年十月號。至於第三部分，李景雄的文章乃基於《時代論壇》的文章增刪改寫而成，其餘則專為此文集而邀約撰寫的，在此多謝他們的拔刀相助。

盼望這一結集能在二十一世紀不遠的前夕，為新教的華人教會提供參考，於回顧中展望前路。信仰的本意在於不可忘記耶和華的恩典，因為當中滿有祂的應許。是以，信仰乃瞻前顧後的：在回顧上帝於過去歷史中所施的恩典中，瞻望前路，因為上帝的恩典，永無窮盡，直到永遠。

鄧紹光
序於信義宗神學院
九九年五月二十九日
第二十二屆畢業典禮前夕

目錄

第一部分

福音信仰與改教運動

何謂福音信仰？

伍渭文

一、福音教會是甚麼？

信義宗教會在德國被稱為福音教會（*Evangelische Kirche*），這是馬丁路德喜愛的名稱。路德強烈反對跟隨他的人以他的名字另立門戶。他深深覺得一生被上主呼召為福音作見證，為基督作見證，改革教會是為往聖繼絕學，扶危持顛而已。

十六世紀的教會走迷了，販買贖罪券突顯了教皇的無上權柄——信徒的屬靈生命牢牢握在教階（神職人員）手中，基督地上的代表是彼得，而彼得歷史的延續是當時的教皇。為了修建羅馬聖彼得大教堂，於是利奧十世（Leo X）遣派特使到各處推銷贖罪券：

「現在請留心聽，上帝和聖彼得正呼喚你。要考慮你的靈魂和你那些去世親人靈魂的救恩。……要想一想；所有憂傷痛悔認罪並作了補償的人，他們所有的罪都會得到完全的赦免。現在你留心聽你去世親友的聲音，懇求你說：『可憐我們，可憐我們。我們正在悲慘的痛苦中，你用少量金錢便能救贖我們出來。』你不希望嗎？要張開你的耳朵。聽作父親的對作兒子的說，作母親的對作女兒的說：『我們生你，養育你，使你長大，把財產遺留給你，而你這樣殘忍這樣硬心，現在不願花這樣少的錢使我們脫離痛苦。你願意讓我們躺在火焰中？你願意延遲所應許我們的榮耀麼？』要記住：你能釋放他們，因為錢幣叮噹一聲落銀庫，靈魂立即出煉獄。既是這樣，你不願付二角五分的銀幣得到這些贖罪券，使你能藉此領一個神聖而又不朽的靈魂進天家的樂園嗎？」[1]

有些地區因教皇下禁令，不許施行聖餐，整個地區便尤如被判屬靈的死刑。然而路德與他的跟隨者強調惟獨聖經、惟獨恩典、惟獨信心。

二、信義宗強調甚麼？

1. 惟獨聖經　教皇、教會大公會議不能高於聖經，聖經是終審庭，因聖經——上帝的話語產生教會，教會是聖徒相通，因著上帝話語的呼喚和應許，我們成為教會的一分子，是上帝的道重生了我們（雅一18）。改革的教會要不斷改革（*Ecclesia reformata semper reformanda*），因為教會會偏離聖經的教訓，教會要在聖經的亮光中，不斷自我批評、更新，才能自強不息。

2. 惟獨恩典　聖經是上帝的話語，但其核心思想是耶穌基督——上帝的福音。信義宗視整本聖經是基督的見證，舊約聖經就像一個馬槽，基督躺臥其中。是故，路德特別喜愛舊約詩篇，並從基督為中心的釋經角度了解這些詩篇。整本聖經基本上是律法與福音，律法顯明上帝對人類的期望，但同時揭示人的絕望——沒有人憑己力能達到律法的要求，律法驅策我們投靠基督。因為路德在崇拜中把十誡放在認罪和宣赦前，十誡尤如一面鏡子，照出我們的本相，進而認罪，尋求赦免。路德的大小《要理問答》的編排，也是十誡一信經一主禱文。

惟獨恩典，就是單單依靠上帝的福音，不是靠功德和善行。當然，路德並非忽略信徒生命的操守，主禱文就正正提醒我們每天尋求赦免，禱告不要遇到試探。路德的倫理核心是心被恩感而觸動的愛，自發的愛。我們愛人如己，因為蒙上主的憐愛。善行是顯揚救恩，不是為了獲取救恩。耶和華見證人、摩門教等教派上門傳道，目的是累積得救的分數，而我們傳福音的動力來自因信稱義的喜樂。

馬丁路德本身是一位經歷過刻苦修行的修道士，對律法的要求恪守甚嚴。有一次他在上主面前認罪懺悔達六小時之久，認清所犯的罪，巨細無遺，令助他告解的人感到不勝其煩，因而歎曰：「孩子，上帝並沒有生氣，只是你與上帝過意不去，難道你不曉得，上帝吩咐你要存有盼望嗎？」[2]

然而，福音信仰是一種釋放的信仰、祝謝的信仰，信義宗教會強調因信稱義帶來的內在自由，及這自由帶來的甘心和承擔。路德在一五二〇年一篇稱為《論基督徒的自由》策論中第一段即申明：

「基督徒是全然自由眾人之主，不受任何人管轄。基督徒是全然順服的眾人之僕，受任何人管轄。」

註釋：

1. 羅倫培登著，古樂人、陸中石譯：《這是我的立場》（香港：道聲出版社，1987），頁74-75。

2. 同上，頁44。

信義宗與改革宗的分別

伍渭文

一、加爾文主義有甚麼特色？

加爾文主義師承改教運動第二代宗師加爾文，由於他在體制上強調長老治會是聖經的模式，牧師是教導長老，連同平信徒治理長老組成長老會治會。主任牧師為主席（moderator），故稱「長老宗」。另外，他們只唱聖經的詩歌——詩篇，崇拜中把詩篇改寫成一定的格律來唱（Metrical Psalms）。他們覺得馬丁路德與他的跟隨者保留了太多中古教會的崇拜禮儀和教制，不夠徹底地按著聖經的教導來改革，故又自稱為「改革宗」。所以長老宗與改革宗皆源出加爾文派。加爾文派認為只遵守聖經所清楚教導的，而路德宗則認為若聖經不禁止便可兼收並蓄。

二、對聖經的理解

1. 加爾文視聖經為上帝的旨意　a. 信仰較思辨性及有德性化的傾向，因為上帝的旨意需要我們去了解和詮釋，及切實執行，作個順命的兒女。在日內瓦崇拜中，十誡一項放在認罪、宣赦之後，成為蒙赦免後信徒善行的蹊徑、成聖的操練。加爾文本身是律師，生活嚴謹虔敬，看重上帝的話語為生活藍圖，在英國，受加爾文主義影響的清教徒，不滿英國聖公會的繁文褥節和熱中建制中的權力財富。他們追求敬虔、簡樸的信仰生活，但後期卻演變成嚴苛刻己，把信仰道德化。這德性化的信仰傾向，透過受清教徒主義影響的宣教士傳到中國，非常深遠地影響華人教會。因為切合傳統中國文化中肯定道德修持，追求內聖外王的人格理想。華人教會中敬重的屬靈偉人如王明道、倪柝聲，本身就有把信仰德性化的傾向。

b. 上帝的旨意是至高無上，甚至得救皆來自上帝的旨意——揀選。也就是說，若上帝揀選預定某人得救，這恩典是不能抗拒的（irresistable grace），不是我揀選基督，乃是基督揀選我；預定論是加爾文所強調的。但後來加爾文主義更極端地憑人的理性邏輯推前一步，便得到危險的雙重預定論：上帝預定一些人得救，一些人沈淪。基督在十字架上沒有為世上所有的人代贖，只為祂的百姓——預定得救的人代贖。[1]

2. 路德視聖經為基督作見證　a. 他不否認聖經是上帝的旨意，但強調其核心焦點是道成肉身的基督，而道成肉身本身是一個奧祕，怎可能神性與人性共融於一身呢？十字架在人看來是羞辱、失敗，而在上帝看來是戰勝死亡、榮耀；人子得榮耀的時候到了（約十七）。是故，信義宗信仰中有很多弔詭性（如下面所說，基督徒同是稱義的人與罪人），人的悟性不能窮上主的奧祕，聖經怎樣說，我們就怎樣相信，聖經說「這（聖餐）是我的身體」，我們就毫不疑惑接受是基督的身體。信義宗比改革宗較神祕，因為認知到人的理性是有極限的。

三、崇拜禮儀

雖然同是改革的教會，但因為進路不同，信義宗與改革宗的崇拜禮儀和重點也略有不同。到過歐洲旅行的人都會發覺，歐洲有很多信義宗教會都保留了圖像和聖徒的像，崇拜禮儀又非常豐富，與天主教堂相差不遠。原因是路德改教運動的精神在剔除不合乎聖經福音精神的迷信部分，只要聖經不反對，都可以沿用，因為最初路德並沒有另起爐灶的打算。

在一五三〇年奧斯堡會議中，路德的跟隨者墨蘭頓代表改教者們提出奧斯堡信條，表明改教者尋求與教廷和解的良善願望。其中第七條便強調：「教會真正的合一，只在乎對福音的真理和施行聖禮意見相符，凡人的遺傳、禮儀或人所制定的儀式，各地不必盡同。」教會是否設立長老可因時制宜，不是絕對的。崇拜禮儀可簡單、可豐富，也可因時制宜，不是一成不變的。除了詩篇，路德還沿用教會的詩歌，並自己親手作曲填詞。因為基督道成肉身，看得見的物質，承載著看不見的恩典。聖帷、圖像、雕塑等藝術創作，皆可以成為恩典工具（means of grace），看得見的；一如言語，為聽得見的恩典工具，講道就是聽到的恩典工具。所以在信義宗的神學院內，有工藝陶瓷室的設立，用各種智慧、工藝顯揚基督。

由於加爾文強調聖經是上帝的旨意，故其崇拜儀式比較簡樸。有人比喻改革宗的崇拜像木刻，線條簡單，只有黑白兩種顏色。而信義宗的崇拜卻像油畫，很多色彩；前者虔敬樸素，崇拜是聆聽上主旨意的闡釋，是神聖的時刻；後者歡樂洋溢，心被稱義的恩典激動。

誠然，信義宗因為看重聖經為道成肉身的基督作見證，故其聖禮神學（看得見的實物如水、酒和餅，可承載看不見的恩典）較改革宗豐富，對文化、藝術持肯定的態度。而加爾文視聖經為上帝的旨意，銳意按上帝旨意轉化文化，故在日內瓦，加爾文實行神權政治，城邦的議會扮演宗教任務，十誡不單成為信徒生活的規範，也是治國良方。

四、政權觀念

加爾文視聖經為上帝的旨意，而上帝無上主權的落實是祂旨意的成就，按上帝旨意在地上建立神權政治不單是加爾文在日內瓦的理想，在蘇格蘭的愛丁堡，加爾文的跟隨者約翰諾斯（John Knox），一如後期移民美洲的清教徒先祖（Pilgrim Fathers）在美洲大陸，都抱有把聖經理想實現於地上的征戰精神，建立以上帝為中心的政治實體。在經濟發展史上，韋伯（Max Weber）指出，加爾文主義與現代資本主義的興起有著密切的關係。[2]加爾文強調奮進的文化命令——上帝給亞當夏娃的命令：生養眾多，治理全地；賺錢是責任，不是為享樂，拼命賺錢而同時不為金錢所動是資本主義精神獨特之處。而清教徒的征戰精神，轉變文化為己任的召命感，催化了資本主義的誕生。新大陸正是上帝賜給清教徒的「全地」。他們順從上帝旨意，按聖經原則治理這「全地」。

與加爾文不同的是，路德從未憧憬信徒可以在地上有一個神權政治實體，因他深深體會到基督徒既是稱義，同時仍然有罪；基督徒是百分百被稱義的人，同時是百分百罪人，罪性會隨時復辟，而權力容易使人腐化。再者，以法律形式規範宗教便失卻寶貴的內在自由，這自由是倫理行為不可缺少的。一九八〇年中我在美國密蘇里州聖路易市，前後在聖約神學院（改革宗）與協同神學院（信義宗）深造神學，聖約的圖書館主日全日關閉，協同則主日下午開放。前者立下規範，在主日不宜讀書，虔守主日。但後者看重個人內在自由的選擇，各人要為自己的行為在上帝面前負責任，主日下午讀書與不讀書是表面的行為，還有看不見的動機與目的。有一次聖約一位老師Laird Harris（英文新國際版聖經舊約翻譯編輯）在課堂上說了一個真實故事，説明長老宗對守律法的執著：一位牧師應邀在美國某鄉鎮講道，因為天氣太寒冷，河水結冰，欲濟川無舟，但因為趕時間，只有踏雪撬而來，在教會門口的長老正等得焦急，看到牧師一身溜冰裝束，眉頭皺起：「牧師，你溜冰來教會嗎？今天是主日啊！」牧師答道：「我不是為了享樂而溜冰啊，是為著證道而溜冰。」聽了牧師的解釋，那位不安的長老才釋然。

然而，路德看重俗世[3]的權力，認為沒有權力不是從上帝而來的，俗世權力是上帝的左手，用律法公義約制罪性，而教會是上帝的右手，用福音來降服人心，這是路德著名的「兩個國度」神學觀念。

路德視聖經的核心為道成肉身的基督，而基督在十字架上的羞辱失敗、被人棄絕竟成就上帝榮耀、凱旋的救贖計劃。所以上帝隱密的計劃和工作不可以貌以表相。路德甚至強調，異教的土耳其君主，只要愛惜子民，賞善罰惡，就是上帝的用人，比較一位信仰純正、愛心超卓但沒有政治智慧的基督徒政治長官，更值得我們信徒的擁戴。

地上的國度講求公義，在此範疇中，信徒與非信徒可以聯合同一陣線，合力對付共同關心的社會、政治課題。路德這兩個國度的觀念，目的是召喚信徒重視自己的俗世召命，在不同的社會崗位，或作議員，或作廠長、領班，都可以成為上帝的用人，其工作價值與教牧一樣神聖。基督不單是教會的主，也是世界的主。政權的興替、政黨的盛衰、君主的崩逝，都在上帝隱密計劃之中。屬靈人能參透萬事，有信心的人就是屬靈人，信心能透識表象，信心有堅忍、默默等候上帝施行奇事。

註釋：

1. 加爾文本人並沒有提出雙重預定論（上帝預定一些人得救，預定另一些人沈淪），乃後來一些極端加爾文主義者憑邏輯推演出這危險的教義。雖然如此，改革宗仍強調普世的宣講，因為順服上帝的旨意而對每一個人宣講福音。

2. 參Max Weber, *The Protestant Ethic and the Spirit of Capitalism*, trans. Talcott Parsons （London: Unwin Paperbacks, 1930）。

3. 俗世一詞並無貶義。Secular一字來自拉丁文*sacculum*，本意為今世。因為主再來沒有即時發生，教會作為一個屬靈羣體但同時亦為一組織制度，需要一個凡俗化過程（secularization），才能在世界上成為有效的見證，在世而不屬世是教會的挑戰。其實在馬太福音十六章18節教會的意象（image）中，提到一座建築物，備受攻擊（「陰間的權勢，不能勝過他」），已隱含教會會在地上存留一段頗長的時間。羅馬天主教稱修會的修士為宗教教制（religious order），駐堂會教士為俗世教制（secular order）。

從改教運動說起

鄧肇明

從前的人紀念改教運動，總喜歡強調路德對宗派主義的貢獻。所以信義宗的人，就把他捧上最高天，認為他的一言一語，都是神聖不可侵犯的。那麼，跟從他的人也就是信仰純正，無可指責的了。

在德國，路德自然是民族英雄。因為他將聖經譯為德文，促進德國文字的形成，更使境內的人有了向心力，逐漸產生國家民族的觀念。或者說，路德所引發的運動，克服了中世紀的迷信，解放思想的桎梏，在精神文化史上創立了新的里程碑。

然而自世界發生兩次大戰以還，世人對於事情的看法，似乎已經比較客觀和深入，不再像以前那樣固執私見了。那是十分可喜的。不過也就是在這個時候，共產國家卻對路德有了新的見解。本來歐洲共產主義一向奉馬克斯恩格斯的批評為綸音。馬克斯說改教運動只是理論上的，一五二五年的農民戰爭才是實際的革命。恩格斯卻認定路德是王侯階級的代理人。所以當農民按照自己的利益解釋聖經時，路德就不得不以聖經反對他們，宣稱王侯乃上帝所恩賜，贊成農奴制度為合法了。奇怪得很，正當一九六八年世界基督教會齊集威丁堡，紀念改教運動四百五十週年時，東德的政論家卻修改了他們對路德的傳統看法。他們不再將路德塗黑，説成是人民公敵的反革命分子。反之，他們對路德至一五二一年為止的發展，評論得相當積極。他們認為十六世紀的前三十年，歐洲正從封建主義走向資本主義，而路德帶頭的運動便是早期資產階級革命的第一幕。後來他在農民革命中站不住腳，那也不能全怪他。因為一來是基於他神學的基本信仰，但更重要的，卻是當時的革命時機尚未成熟，王侯的勢力過大。故此農民的起義是注定要夭折的。共產國家這種修正，自然大有用意。因為他們認為一九一七年的俄國十月革命，已順利完成了路德所未竟的工作。所以他們就大大的慶祝一番，儼然以路德的真正繼承者自居了。

既然如此，我們對於改教運動的真正意義，就不得不探討一下。甚麼是改教運動？外文所用的一字源於拉丁文 *reformatio*。這個字在古典拉丁文時代就有，所以教會在最初時期便認識了它。不過，這個字之成為特別重要，卻是在中世紀的後期。因為自十三世紀以後，*reformatio* 已是人所皆知的口號。原來當時的人都相信教會和世界離開了本來的使命，墮落了。所以他們高聲呼喊復古，還原。

這種復古的呼聲特別是在修道院中叫得響亮。比方法蘭西斯修道院原係以清貧為宗旨，本著馬太福音第十章的教訓，捨棄一切服事主。不幸，就在聖法蘭西斯的晚年，他的跟從者已不像他那樣的謙虛和滿有愛心了。故此就有人起來，呼籲修道院要絕對遵守基督的誡命，厲行改革。恰好當時流行著末世論的思想，人們等候著聖靈時代的降臨。如此一來，法蘭西斯修道院的改革運動，就不但是復古，更微微帶點更新的色彩了。

在世界上也是一樣。康士坦丁大帝容許基督徒自由，使得教會從受逼迫中一躍而為逼迫者。中世紀的歐洲經已全部基督教化，並且根深蒂固了。人們飲水思源，自然以康士坦丁為理想皇帝。但以其後繼者每況愈下，甚至弄到民不聊生，人心不古的念頭不禁油然而生。所以十四世紀中葉就有一位羅馬護民官，在康士坦丁皇帝的洗禮池中接受職責，以康復羅馬帝國為己任。他到處宣講，謂首先要更新羅馬，次及意大利，以至整個人類。這位護民官後來雖然被暗殺，但他的思想卻留存下來。

甚至對於教皇，人們也幻想過無數復古更新的觀念。譬如那時候他們期待著天使教皇的來臨。可是眼見教皇來來去去，總不以屬靈的事為重，反倒沈溺於權力之爭。他們的期待也就慢慢的變為嚴厲的批評了。不過雖然如此，中世紀的人在教會中對天使教皇的等待，及在國家中對真命天子的盼望，卻是無時或減的。反之，*reformatio* 的口號卻愈叫愈響，範圍也愈來愈廣。

我們若要了解歐洲在改教運動前夕對 *reformatio* 一字的認識，不妨參照一下當時人所下的定義。十五世紀教會在康士坦斯及巴色召開改革會議。一位來自西班牙，名叫約翰的教牧，曾將 *reformatio* 一字所表達的諸多希望歸納起來。他說，*reformatio* 是「移風易俗，學效基督，抑壓私己，達到完全」。他堅稱這種解釋記載在聖經裏。基督吩咐我們要「進窄門」，那就是 *reformatio* 的真義了。因此他一方面鼓吹改良風俗，另方面勉勵增進德行，以「效法上帝」為鵠的。

然而不幸得很，當時提出來的許多改革方案，大都偏重於保守主義一方面。他們所關心的只是和平與秩序，認為只要按著古老良方去做，就可以革除弊端，恢復康寧了。甚至有人認為*reformatio*就是維持秩序。如此一來，當權者稍不如意，便將礙眼的人物無情地除去。比方英國的威克里夫，捷克的胡司，他們對教會實在沒有敵意，只希望教會按著自己所宣講的去做，尊重上帝的誡命罷了。可是一個到頭來只能宣講上帝的審判，另一個卻活活死在火柱之上。教人如何還能談改革更新？

當然，改教運動前夕還有另外一班人在追尋復古革新。那就是人文主義者。他們的口號是回到初期純粹的源頭去。所以他們重新研究新約和古教父。他們與其他人不同之點，只在於他們更希望全部古典文學的復甦罷了。但他們所受聖經的影響，卻與其他人完全一樣。

我們已看出*reformatio*一字在改教運動前夕的大概意義：一方面是復古，重振古代的精神遺產；另方面是烏托邦式的期望，等待新境地的來臨，完全改變現有的局面。那麼，路德的看法又如何？

首先，我們必須指出，路德從來未自稱是教會的改革家，或要改革教會，更遑論改教了。（所以改「教」運動一詞絕不會為路德所接受。在此沿用，只是為了方便的緣故。）記得晚近十年，歐洲的路德學者正熱烈討論：路德是否於一五一七年十月三十一日，在威丁堡城堡教堂門前釘上他那著名的九十五條論文。到如今正反兩方都未得到滿意的答覆。但無論如何，傳統想法中，他滿有信心，泰然舉錘的一幕，顯然是渲染。不說這麼早，就是一五二一年在沃木斯御前答辯，他雖明知自己有理，加上滿腔熱血，但仍然不敢稍為囂張，反倒戰戰兢兢，為恐有錯。

為甚麼？這不僅是路德自己謙卑，不想作改革家。更重要的，是因為路德對*reformatio*有不同的見解。誠然他也是當代的人，離不開當代的思想。但論到改革，他的著重點顯然與眾不同。從很早的時候開始，他認為*reformatio*不是個別的改革措施，而是在宣講純正的福音。自然他也並非説改革計劃沒有必要性，只是説，單是改革的本身並不等於正當的*reformatio*罷了。

同時他認為，改革不是一個人——管他是教皇或紅衣主教——所能導致的。這乃是上帝自己的事，而且除了時間的主以外，沒有人知道甚麼時候會產生改革運動。所以當他草擬九十五條論文時，還完全不知道，後人稱由此而發生的運動為改革運動呢！

由於他高舉聖經，鼓吹宣講福音，所以他對於上帝的道也特別尊重。他認為上帝係藉著祂的道統治教會。上帝既是教會的頭，那麼教會就應該完全順服聖經的吩咐了。可是他也看得清楚，教會已經沒有可能更新了。因為第一，教會有太多的人為儀文，使得純正的道被遮蓋，變成暗淡無光。其次，教會的領袖只著重外在的權力，絕不願意降服屈膝在聖道之前，接受聖道的審判。這是路德所不能容忍的。他這樣做，不是為了某種教義，乃完全因為他深信基督是主。基督不獨是整個教會，也是每一個信徒的主。所以我們對祂除了順服外可別無他途。而順服祂惟一的方法便是聽祂的話，遵照祂的話去行。因此*reformatio*不是人的工作，乃是主基督自己的工作。這是我們聽從了祂的話而自然發生的。這便是路德對改革運動嶄新而獨特的見解了。

改教運動的中心信息
——耶穌是主

鄧肇明

若有人要問：改教運動的中心思想是甚麼？相信許多人都能隨口而答：因信稱義。可是一九六三年夏天，世界信義宗在芬蘭的首都赫爾辛基舉行全體大會，濟濟之士集合一堂，共同討論這個題目時，卻意見紛紛，莫衷一是。結果該次大會宣告失敗。以致今日大家都不願再提起此段傷心事。

另外有些信義宗教牧強調宣揚純正的福音，施行合乎聖經的聖禮。然而若問：甚麼才是純正的福音？聖禮如何施行才真正合乎聖經？相信又是高見滿坑滿谷。但令人折服者卻百無一二了。

其實這些口號本無差錯。只是若不經過思索與消化，便如隔年曆本，與現實生活脫節罷了。

究竟路德為甚麼要挺身而出，不怕萬難，敢與當時的絕對權威——羅馬天主教——作對呢？無他，因為他堅信耶穌基督是主，為了要對主忠心，不容自己畏縮，不勇往直前罷了。

何以見得「耶穌是主」——這條教會最早的信經——是路德一生思想和行動的指南？譬如在修道院中，他最關心的是：我如何可以得到一位慈悲的上帝？因此他甘願備受身心靈性的煎熬，以討神的喜悅。後來等到他一旦豁然開朗，認識這位慈悲的主就是道成肉身的耶穌基督時，於是固執不放，誓死不辭。所以在沃木斯御前受審時，他也本著頭可斷，血可流，基督不容侮的精神，堅決地說：「我站在這裏，別無他途，願上帝幫助我」。

是的，在他一生所書所作中除了他所翻譯的聖經外，他認為絕不容燒毀的只有兩樣，其一是他答覆人文主義泰斗伊拉斯姆（Erasmus）的〈論不自由的意志〉。因為信主的人一生活在基督之內，一舉一動都仰賴主的啟迪，憑祂的意思行事，所以不容自己妄自尊大。然而正因為基督徒的力量源出基督，所以是活生生的，富創作性的。另一樣是他的大小本學道問答。他希望教友無論是在教堂中，或是在家裏，都好好研讀這本問答書。因為全部的福音真理都記載在那裏了。可是在這本問答書中，他並不討論那些呆板的教義如因信稱義等，乃只注重使徒信經的第二段：我信耶穌基督。他解釋說：我信耶穌基督是我的主，因為祂不獨消極地將我這沈淪喪失的人救離罪惡和魔鬼的權柄，更是積極地將我贏回上帝的懷抱中。所以在十馬加登信條中，論到基督的職分和救贖工作時，他也特別強調說「耶穌基督是主」，這一信息絕不容我們退讓，否則天地萬物都要傾倒了。因為在天下人間，沒有賜下別的名，我們可以靠著得救的（徒四12）。

如此看來，路德在別處十分強調的因信稱義教條，並非另有所指，乃正是欲闡明耶穌是主，捨祂以外，別無救法而已。基督既是主，教會就必須完全歸順在祂的權柄之下，單一以祂的道——聖經——為生活的指南，因為基督乃是藉著祂的道統治教會。可惜當時的教會只是口頭承認基督，對於祂的道卻加上諸多額外的解釋，以致自己反而駕馭在基督之上，這自然是路德所不能容忍的。教會的決裂由是而生。

耶穌是教會的主，那是顯然的。可是光是這樣相信還是不夠的。我們必須相信基督是你、是我的主。我們必須相信，基督天天在我的心裏降生，為我而死，為我而復活，使我的罪獲得赦免，這就是福音的大能，所以宣講純正的福音，正是要宣揚耶穌之為主。在得救的道上，若是除了耶穌以外，還加上別的東西，那就不是純正的福音了。

同樣，按著聖經施行聖禮，也是要彰顯基督的主權。在聖禮中，我們只是領受，並不貢獻甚麼。我們乃領受罪得赦免的恩典，得以進入主的身體，即聖徒團契之中。所以路德曾經這樣說：**教會真正的聖禮只有一個，那就是主基督自己**。聖洗和聖餐不過是這一聖禮的兩種表達方法。在聖洗中，信徒讚美主基督進入每一個個人的心中，如同主自己降生於世，開始過一嶄新的生活一樣。在聖餐中，信徒感謝主打開天國之門，使我們可以坦然無懼地，休戚與共地一起奔赴天程。

自然，這樣地相信耶穌是絕不容易的。路德也承認信心是世上最難的事。因為信徒們雖然可以互相鼓勵，互相勸勉，卻沒有人能代表別人去信。每個人都必須單獨站在主前，單獨聽祂的話，有如亞伯拉罕之離開吾珥一樣。他必須離開本族和本家，也就是說，他必須斷然離開舊的環境、舊的習慣，往一全新的境界。但上帝所應許的地方究竟如何？在甚麼地方？就連他自己也不知道。他只是緊緊握著主的應許，全身交託而已。信也有如挪亞之做方舟，受盡鄰人的嘲言冷語而色不變，志不改。或如摩西之拋棄宮廷的豪華富貴，但到頭來卻為他所愛和所服侍的同胞所埋怨所逼走。是的，聖經中的例子都是在勸我們在信心上要堅忍不拔，向著標桿直走。

不然就如以色列人出埃及一樣，雖然他們都曾領受主恩，卻大都失落在曠野之中了。

所以說，信是冒險，是大膽的嘗試。然而誰的心門一旦為主的道所打開，信也就是最大的喜樂，因為信主的人高於一切，不為任何人所管束。既然如此，他就敢於正視社會的不平和不義。為了真理的緣故，他敢於撇下傳統，敢於出污泥而不染，敢於「橫眉冷對千夫指」，敢於「雖千萬人吾往矣」。這種浩然之氣就是信心的自然流露了。

反過來說，信雖然是極個人的事，但因為它的對象和泉源是主基督的緣故，所以絕不會流俗為自私的個人主義。不，路德說，信乃是在基督裏的生活。基督徒之獲得完全自由，正是要無拘無束地面對世界，服務世界。信乃是絕對的服從主命。信催逼信徒為主，向世界作出美好的見證，成為他人的基督。好樹若不結好果子，必然是假冒的。不，好樹之結好果子乃是如此自然，所以基督徒之做好事亦不必靠法律或人事的規定和制裁。若只受逼而行善，那真是對基督徒的侮辱了。為了愛，基督虛己成人，捨身在十架之上，使世人和上帝復和。所以我們這些被救贖了的人，也該成為上帝的工具，讓上帝的恩典在我們身上表揚出來，與基督一起做復和的工作。由此路德發揮了基督徒召命的觀念。職業無分卑賤，只要人人在自己的崗位上跟從基督，盡力而為，也就是在上帝救人的工作上有分了。

「基督是主」使信徒充滿了希望。因為祂已經復活，戰勝死亡了。從此我們不再懼怕甚麼，也不能讓任何主義和意識形態重新奴役我們。然而因為基督是主，我們不再屬於自己，不能再隱藏起來，過遁世的生活。不，我們必須像基督一樣，坦然無懼地進入世界；成為基督的同工，繼續做與世人復和的工作。所以每一個基督徒都不能放棄為世界的自由、和平、公義與真理而奮鬥，而犧牲。另一方面，基督之為主，在世界看來是隱藏的。基督自己也的確只取了奴僕的形象，所以跟從祂的人也必須忍辱負重，切忌囂張。這就是説，我們勝過世界的惟一武器，只是上帝的道，這道惟獨在十字架上顯明出來。所以一切自我主張，都是在否認祂為主而已。

「基督是我的主」！這就是改教運動的中心信息了。

路德重新發現福音？

鄧肇明

有人說，信義宗教會所奉的一切信條都可以放下，但因信稱義這一條卻萬萬不能。意思是說，這一條是信義宗存亡的惟一標誌，也就是信義宗對普世教會最大的貢獻。這是毋庸置疑的。

同樣不容爭辯的，是路德之所謂信係指對聖道的信仰而言，但信仰卻是從聽道而來的。換句話說，不聽上帝的道，信就無從說起，人也就無法稱為義了。所以信與道的關係不獨是密切得不可分，簡直是二而為一，一而為二的事。因為道喚起信，使信生根增長；道是信的惟一根源，也是信的整個內容。

如此說來，因信稱義是指人敢不敢接受上帝的聖道，讓祂的應許在我們心裏作主的問題，也就是我們對聖經態度的問題了。這是不足為異的。因為路德的大半生正是以解經為目的。他主要的職務是作一個聖經學的博士，立誓要宏揚主道，並以此為傲，無怪解釋聖經，榮耀主名竟成了改教運動的引發點，也就是改教運動的主動力了。今日之稱改教運動以後的教會為復原派，說改教運動高舉聖經，要回到原來純正的道理去，那是十分有意義的。

不錯，路德對聖經的重視，使得聖經的權威獲致恢復。然而，他是否真的如人所說，回到聖經原來的道理去，沒有解錯聖經呢？要回答這個問題，今天可不像從前那麼容易了。就舉因信稱義來說吧，這誠然是他研讀保羅書信之後的重大發現，可是他是否真的明白保羅，卻不是簡簡單單的一句話可以解答的。

撇開從前天主教的無理攻擊不談，就是在復原派中，也有許多神學家對路德的看法是不敢苟同的。這其中最早和最重要的一位批評家要算立敕爾（Ritschl）了。立氏認為路德「同是罪人和義人」的觀念過於偏激，因為保羅全然未想到信徒在道德方面不能達到完全的問題。所以路德之謂人最佳的善功，在上帝面前仍然是罪的話，是不能引保羅為根據的。

不僅自由派人士如此，甚至保守派的史列德（A. Schlatter），亦認為路德因信稱義的教理縮減了保羅的意思。史氏強調說，在稱義當中，保羅不但想到罪之得赦免，同時有比此更積極的事，即人在稱義得與上帝展開新的關係以外，更在這新團契中獲得新生的力量。他說，保羅因信稱義的見解是以上帝為中心的；路德卻是以人為中心，太過注意人這一方面的困難。這也許是史氏對路德最猛烈的攻擊。

近來神學家對路德的不滿已經轉到「上帝的義」那方面去。蓋斯曼（E. Kasemann）認為上帝的義應作主詞解，即指從上帝而出的義，是上帝自己所有的；反之，路德卻作受詞解，以之為我們從上帝那裏領受的義，是使我們在上帝面前站立得穩的。同時，蓋氏認為保羅的義觀主要不是說稱人為義，乃是指上帝抓緊我們的生命的力量，是上帝置我們於祂的統治下，使我們按著祂的應許往前走的原動力。而且，這義不僅是針對我們個人的問題，更是關乎萬人的，要勝過世界的矛盾和攔阻，使所有不虔不敬的人都得稱為義。因此，上帝的義是上帝創作性的作為，不是我們經已得到的，而是我們所盼望的，所不斷要重新追求和使之實現的恩賜。

以上所列舉的批評，大致上都十分中肯。信義宗教會內雖有濟濟之士，但他們的雄辯恐怕不易成功。因為在與保羅比較之下，路德在某些方面顯然有過激或偏差之嫌。既然如此，那麼路德仍算不算忠於保羅，重新發現了福音？

有人指出，保羅與路德解釋福音之所以不同，係因二人背景各異之故。比方説，保羅成人後方悔改；路德卻生而領洗。保羅活著時，教會仍脱離不了佈道所的景況；路德生時，教會卻早已根深蒂固，成為組織龐大的國家教會了。此外，保羅所面對的是猶太教和希臘文化；路德所周旋的卻是羅馬天主教和人文主義。外在的因素既不相同，二人稟性亦復迥異，他們在神學上的著重點若巧合才怪呢！

眾所周知，保羅討論稱義的問題，主要是針對猶太基督徒，或受猶太教影響的教會，一如羅馬書和加拉太書所示。若是環境變了，讀者改了，他是會毫不猶疑地用別的名詞來討論同樣的題目的。比方在哥林多前書中，他所用的詞藻就不是「因信稱義」，而是將「愚拙」和「智慧」來作比較。那就是説，耶穌基督的福音只有一個，但説法卻容許有多種。因為在保羅看來，我們主要不是要維護傳統上某些固定的説法，乃是要使人明白，認識和信靠「耶穌是主」。為了達成這個目的，方式之要有所不同，自然是理所當然了。假如我們仔細研究保羅如何印證傳統和舊約經文的話，定必會驚異他釋經方法之自由和放膽。其實，新約的其他作者，就連舊約的作者在內，又何嘗有例外呢？

既然文以載道，宣揚福音亦不墨守成法，拘泥於死的字句和形式而不化了。十五、六世紀是中世紀最敬虔的時代，這方面尤以德國為然。人們整天忙於朝聖，瞻仰遺物和購買贖罪券等等事情，甚至任何犧牲亦在所不惜，蓋都以一己靈魂之是否得救為念。總而言之，眾人的問題就是路德在修道院中所感到束手無策的：「我如何獲得一位慈悲的上帝」？

然而傳統的信仰和敬虔儀式與現實生活相去太遠了，因此對於千萬人的呼號無動於衷，也無能為助。路德身受其苦，深陷絕境，幾經掙扎然後從保羅的書信中得仰主的慈顏，找出救贖之道。無怪乎他的答案立刻引起共鳴了。因為它正抒發了各人心中說不出來的煩悶，不獨使被拘禁的感情和盼望得到正當的引導，更使各人的憂慮、懼怕和悲傷得到合理的吐洩。所以改教運動瞬即成為燎原之火，進行得轟轟烈烈，絕不是偶然的。試觀十六世紀中葉以後，路德的影響力便減弱了。何解？固然是因為羅馬天主教內部進行改革成功，固然是天主教的王侯以武力作辯，不容許百姓改變信仰，然而豈也不是因為當時的情景已與改教運動初期有異，使路德的話多少有點隔靴搔癢之感，不再是那樣地打動人心？

由此可見路德之成功，是與時代背景密切相關的。這就是解釋聖經為甚麼不能，也不應與實際生活脫節的緣故。我們今日紀念改教運動，主要的可不是因為某人本身的了不起，而是要看看他如何去了解福音，學習他怎樣去掌握福音上的應許。我們看出，路德活用了保羅的神學，並正因此之故，在某些方面就不免強調一點，甚至有過激之嫌。可是路德之著重心意，不重形式，使福音的信息在當時的環境中突露出來，不正是值得我們紀念的地方麼？保羅和路德的神學豈僅獨樹一幟而已？它們都是從切身的體驗中磨練出來的，所以在教會歷史上就總未失去其雷霆萬鈞的活力。

改教運動是以正確解釋聖經為標榜的。毫無疑問，若說合乎聖經是指呆板地遵守聖經的字句，則路德不能輕易說是重新發現了福音。因為路德與保羅，甚至與新約其他作者之間都有多少的不同。不過，若說神學之是否合乎聖經，要把整個時代背景也要考慮在內的話，則路德在他的時代中，顯然是最能活用保羅的人。因為他所主張的「因信稱義」，在當時宗教儀式的紛雜中，最能道出「耶穌是主」的信息。

是的，「耶穌是主」是全聖經的中心，是保羅神學的樞紐，所以也正是改教運動的中心。路德研經的不二法門，即是在聖經中到處去「尋找基督」。「耶穌是主」這個福音的主題是不容改變的，然而表達的方法卻要因人因時因地而異了。明乎此，我們對於處在這個所謂多元化的社會裏，在置身於普世教會運動的交談中，就比較能欣賞別人的貢獻。因為各宗派教會之強調聖經另外的一些說法，必然是因為在他們的生活環境中，有非如此不足以說明「耶穌是主」的道理。若是這樣，則他們所著重的，就值得我們虛心傾聽和學習了。

不過「耶穌是主」不應只停留在理論上的階段，更該是在我們生活的各個角落中都著實如此。然而，在世界上，在社會中，甚至教會裏，和我個人的心中，耶穌又何嘗是主？可見福音上的這個應許尚未能實現，尚未為我們所掌握，因此也正是我們當努力祈求的對象，而且是要我們不斷地，時刻不同地去發掘，去領悟，去掌握的。路德誠然是重新發現福音了，重新讓耶穌為主了。我們今天又如何呢？

路德是存在哲學之祖？

鄧肇明

一、甚麼是存在哲學？

在當代哲學思想中，存在哲學佔著非常特殊的地位。這是難怪的。黑格爾嘗謂，哲學乃是要將它的時代用思想抓緊。若這句話可信，則存在哲學更是如此。因為它正是某一文化景況的特殊表達方式。

既然如此，存在哲學就不是甚麼三頭六臂的怪物，反倒是人類歷史中的「熟客」了。自然，今天世界有其獨特的問題，所以今天的存在哲學也幾乎是完全不同的。

但一般說來，存在哲學可稱得上是「危機哲學」。意思是說，它覺得到目前為止的一切安全保證，無論是傳統或是權威，都失去了其真正意義，遠離了其本性，以致都變成不可靠了。個人處在這樣的情況下，猶如從溫暖的家園被擲到冰寒的黑夜裏，流離失所。不過，他雖然在世界上失去了一切外在之物，孑然一身，可卻被逼回到自己的身邊，從而得以思想自己生存的真實意義。

這一類的危機狀況是常有的。如聖經中的約伯，眨眼之間失去了他的財富、權柄和榮譽，卻以得回自己為樂；又如文天祥有感於天地之正氣，竟從容就義，這都是很好的例子。不過，約伯和文天祥無論多麼的不與眾人同流合污，敢於獨樹一幟，他們卻仍然是心有所信，承認某些原則是絕對不能放棄的。約伯等相信的是一位超然物外的神；文天祥等卻相信有所謂良知和仁義道德。這都是在傳統上被認為有約束力的事。然而今日的存在哲學卻劇烈得多，它們連最後的保障也覺得多餘，寧願在波濤洶湧、全無意義的歷史洪流中，獨自重新追溯人類的何去何從。

其實「存在」一詞原是羅馬文化的產物，是希臘思想所沒有的。*ex-sistere* 是「走出來」，「顯出來」之意。自然世上之物都不能自己現出來，故都暗含「藉他而立」的觀念；換而言之，是藉上帝而立，是上帝所創造的。因此也只有上帝才真正無因而生，自己顯露自己；也只有在上帝裏面，本質與存在才是相同的。可惜後人把*ex-sistere* 光譯為物之存在，且係與本質相反，以致忘記了這觀念的另外一半意義。

近代的存在哲學又將這詞的意思予以改變，強調「存在係在本質之前」。意思是說，人並不像物件一樣，其主要的本性在創造時經已達到完全「或必能達到完全」。人的本質乃是與其實際存在分隔著，而且多少都與「真我」離異，所以這還不是經已實現，可以捉摸，乃是他將來或者達至的一種可能罷了。

更由於每個人的存在特性及其可能性迴異，又由於個人有選擇的自由，所以他將來到底如何是不能預知的。同時，一切規定人的本質的傳統信仰或自然科學，都是外來的，因此是「客觀的」，對於我未免是「越俎代庖」。故此人必須從自身中才能了解自己；從其所生活，所經驗的「片刻」中才能瞥見其將來之面目，真正成為自己。這個「自我」便是「存在」了。

然而，存在主義者一方面否認外來的、客觀的真理，另方面卻想「自己的」人生觀獲得一致喝采，免不了要陷於自相矛盾中。（因為你所謂的真理，對於我便是外來的，因此是令人懷疑的。）為了跳出這個僵局，今日的哲學就不能不謀克服其前提之方了。那就是說，他們必須認清楚消極的、虛無的經驗是不自然的，是違反人性的，從而承認積極的一面對人同樣的基本。與此同時，他們更需設法壓制極端的主觀和自我中心，將「自我」昇華到廣泛的「完好世界」裏面，找出一個新的安身立命之所。

總括來說，找尋這種新「庇護所」的存在哲學，今日可分為三大類。一是古典的存在哲學，其開山祖是丹麥神學家祈克果，要求從自己的存在中找出自己的真我，並以上帝——特別是基督教的團契——作為安身立命之處。復原派之布特曼和巴特，天主教之馬賽爾（G. Marcel）及猶太教之布伯（M. Buber）都屬此派，而其中尤以雅士帕斯（K. Jaspers）為典型代表。二是海德格（M. Heidegger）的存在主義哲學。其實海氏係現象學之父，不完全屬存在哲學的範疇。他欲藉現象學的結果來照亮人的存在實況，即欲解釋存在的一切現象如憂慮、死亡及罪等，而以隱藏於歷史中那種超越性的「存在」為一切意義和實在的根源。三是甚囂塵上的存在主義。這與上述兩類都大不相同，是典型的法國存在哲學。他們反對任何形而上的及神學上的前提，只醉心於建立新的「人文主義」，於是以社會為人類最終極的歸宿。此派中的代表沙特和卡繆都是出名的無神主義者。

二、路德的釋經法

涉獵路德解經方法的人都會知道，路德在他的著作中曾再三表白，以「為我」（Pro me）為開啟福音之寶鑰。他的意思是說，單單知道耶穌的事迹是沒有用的，我們必須聽明白，耶穌不是為他人，乃是「為我」死了。全部福音都是與我有關的好消息，是審判我同時也是救贖我的金石良言，不是甚麼新聞的剖解。因此之故，福音主要是針對著我的宣講，在等待我的同意和首肯，好讓上帝的話能親自作工，使我知罪、悔改、獲赦，可以完全改變我的生活。這樣說來，信仰也就是在我聽了福音以後對我自己的真正了解，是在討論我的「存在」了。

我是甚麼？我就是「介乎上帝與世界之間」的生命物，一方面從上帝那裏領受我為人之自由，另方面卻面向世界，要用我得來的自由善於管理世事。用路德的話說，這是一種 *Coram* 的關係：我既在上帝的面前，亦在世界之中。如何把這兩種關係調和得恰當，便是我當前的任務。自然，這不是一次過可以解決的事，倒是一種生活上的過程，叫我不斷地重新追問自己真正的本原，並不斷地重新負起自己的責任。

這種牽涉一己存在的釋經法，尤以路德早期為顯著。真的，在中世紀所用的四重釋經法中，早期的路德只看上了「是非法」（*Sensus Tropologicus*）。他稱之為「聖經最終的，即原本的含義」，另一方面，特別在解釋詩篇時，他卻貫徹地以基督為中心，認為詩篇中的每一句話都是指著基督說的。如此一來，基督、教會和基督徒這三樣就分不開來了。於是路德可以說：「凡不與基督同死，同下地獄的，就不能與祂同復活，一同升到天上」。或說：「正如基督死了，故此我們在『是非上』也死了；祂受苦，我們也受苦。」可見基督之釘十字架和復活，目的在使這些事在信徒身上發生。路德這種解經法的結果，使得基督的十架同時也成了信徒的十架。他甚至在羅馬書講義中這樣大膽說：「在一切的事情上求上帝的旨意和榮耀，並且除此以外，今生來世都不作他求，這便是有福了」。

這種將信仰濃縮為此時此地的存在主義釋經法，確是早期路德的特色。（比較布特曼所云：「相信十架，就是將基督的十架當作自己的，讓自己與基督同釘。」）無怪乎有人攻擊布特曼，實則指桑罵槐，目的在罵路德了。其實存在哲學之父祈克果、現象學之祖海德格，哪一位不曾受路德之影響？

不過話又得說回來，路德之「為我」是以「在我之外」（Extra me）為根據的。「為我」源於基督的作為。路德若說，基督是「為我」的基督，可不表示哪一位基督都無所謂。若分不清楚誰是上帝，誰是我，這「為我」就失去立足之點了。因此，福音是離不開歷史事實的，不然其信息也就沒有根基了。這是路德與現代存在哲學只單純傾向著人的一方的不同之處。

同時路德也強調基督不只是「為我」，更為所有的罪人。藉著祂的死和復活，整個世界都要完全改變。這顯然是屬於末世的事，是基督徒所引頸企望的。因此「在上帝面前」（*Coram Deo*）這個說法，主要是指出每一個人都要朝著這最後的目標前進，使得所有敵擋上帝的力量，甚而是死亡，都必終歸於消滅。

此外要說明的，是路德有些神學上的說法，雖然對人亦同樣重要，卻是不能按存在主義方法解釋的。比方基督的主權便是。基督是王、是主；祂藉著聖道管治世界，所以教會只能相信和順服，不能妄自添甚麼。竄改上帝的話語，便是不以上帝為主。這就是路德為何與教皇決裂的一個主因。

綜觀上述，我們雖嫌不詳盡，卻總算清楚指出路德和存在哲學的異同。存在哲學強調主觀性，但也不一定揚棄客觀的真理。只不過這些真理若不是經過本身的參與，從本身的存在中體驗出來，就難於捉摸罷了。

其實存在哲學是一種反抗的現象：抗議當代文明將個人變為無援的玩物，湮沒在歷史洪流中，消失在羣眾社會裏；抗議現代生活之貶低人性，且大有將人化為數字的趨勢；同時也抗議現代文化將科學偶像化，以之為真知識的惟一源頭。

這些抗議都是我們所不能輕視的，都是要我們深深反省的。然而存在哲學之漸趨極端，以為人乃萬能，恐怕終會因人之軟弱而感沮喪。所以解救之道，恐怕還是在走回古典的存在哲學中去，將個人和全人類的幸福交託在更安全、更可靠的手中。在此我們不期然地想起路德講解詩篇五十一篇時說：「神學的主題是犯罪沈淪的人和那位稱人為義及拯救人的上帝。」因為路德之談上帝是個極大的挑戰，與我們現在之是否接受上帝的應許密不可分。這正牽涉到我們本身存在的問題；而我們當前的急務想仍然是竭力宣揚「神人復和」，「以善勝惡」的信息吧。

敬虔與自由
——伊拉斯姆及馬丁路德

鄧肇明

一

在世界的文化歷史上，有時有些爭執是沒有答案的。因為其中牽涉到人生的終極問題，不容易單就理智解決，乃必須在整個生活過程中加以體驗、嘗試和推進。

十六世紀改教運動的時代，一個這樣超越時間性的重大爭執，無過於伊拉斯姆（Erasmus）和馬丁路德之間所發生的衝突。在那次衝突中，基督教兩大宗派間的基本課題，首次清楚地呈現了出來。這個問題有關神學的核心，也就是上帝觀，及與之密切不可分的一個問題：究竟人是甚麼，可以做些甚麼？

今天我們大概可以說，伊拉斯姆和路德都是神學家，他們主要的關懷都是在神學方面，俱欲藉更新神學而尋求人生的真諦。而且兩者都服膺聖經的權威，專心於聖經的闡釋，要從聖道中明白上帝，從而在神人耶穌基督的身上領悟做人的道理。然而由於經驗不同，入手方法各異，所以雖然都以榮耀上帝為最高及惟一的目的，卻終難避免勢成水火，各懷心事，更引起後世壁壘之分明，導致無數的怨懟。這實在是發人深省的。

二

路德與伊拉斯姆成長的時候，歐洲的局面正發生驚人的改變：中世紀即將消逝，現世紀快要降臨。那是一個充滿著危險，卻同時孕育著無數新機會的時代。他們誕生時；教會早已失去了惟我獨尊的權力。歐洲也成為羣雄割據、各自為政的紛亂世界。不幸地，知識的堡壘——大學——同樣陷於完全崩潰之中。然而當他們辭世時，西歐卻經歷過文藝復興的高峯；改教運動得著勝利；歐洲的諸侯小國也已經紛紛成為近代的國家。從此世界慢慢成為歐洲的天下，船堅砲利，無敵不摧。雖然如此，歐洲的內部還是矛盾萬分的。伊拉斯姆與路德還未閉目的時候，已可瞥見宗教戰爭之不可避免。歐洲已因信仰之不同，互不往來，遲早都會發生大流血的了。

本來，改教運動與人文主義是水乳交融、互相敬重的，而伊拉斯姆與路德起初也是英雄重英雄。真的，改教運動若沒有人文主義作開路先鋒，及人文主義者之投奔旗下，則結果如何，實令人不敢想像。可是，後來二人鬧翻，這位人文主義泰斗的伊拉斯姆，就被改教運動宗師的路德批評得一文不值，説他完全不信基督，所以全歐洲的教會都棄絕他，以他為眾惡之首。這是甚麼緣故呢？

三

伊拉斯姆約於一四六六年出生於荷蘭，父為修士，母為醫生之女。少時身體羸弱。九歲入共同生活弟兄會，接受極嚴厲的教育。年十五進修道院，開始學習古典文化及人文主義。在共同生活弟兄會中，所謂「人」即將自己忘記，追求無我之境。這是伊拉斯姆以後不敢有忘的。同時，他的人文主義與基督的關係密切不可分，因此之故，當基督教會自己欺騙自己，離開自己的使命時，他就覺得非加以批評糾正不可了。

後來伊拉斯姆遍遊歐洲各地，聲名卓著。一時之間，上起王侯公卿，教宗權貴，下達各式學人，莫不爭附驥尾，推之為宗教文化的新領袖。無論是誰，只要得伊拉斯姆半封介紹信，就可通行全歐，到處受人歡迎了。無怪乎後世學者如伏爾泰、萊興及尼采都稱譽伊拉斯姆是「第一位歐洲人」了。而且，這位在歐洲居首的人是靠著自己的成就，以個人身分而在歷史上成為一股勢力的，使得當時所有知識分子都差不多自認是「伊拉斯姆信徒」。

伊拉斯姆才華蓋世，交遊甚廣，好友比比皆是。其中尤以改教家布塞爾及墨蘭頓，人文學者柯列及摩爾為著。伊拉斯姆與此輩人士相琢磨，深信所謂「哲學」者，乃是基督的哲學，即對人作任何的思考都必須顧及神人基督的生死、受苦、與復活。

這位出身修道院的學者，是反對僧侶之敵視文化的。他稱他們為「野蠻人」，必須以福音和教父的作品為救藥。他追求自由，要在嚴肅但快樂的生活中不斷學習為人之道。因為在他看來，基督教就是自由、愛和充滿靈意的宗教。基督自發地愛人和服侍人，不是愁容滿臉、憂鬱痛苦的。所以基督教也教人快樂，教人歡笑。既然如此，幽默就成了為人之道的重要因素，而人與人之間的愛也就是敬虔生活的確據了。也因為這個緣故，他反對分黨結派，故步自封，互不容忍。他說，基督教是生活，不是神學的爭吵；神學家應該是基督徒，不是拳師；他應該藉著生活將自己的思想表達出來。所以伊拉斯姆宣揚和平的理想，不偏袒任何一方。

然而，那是一個正統主義經已萌芽的時代。各人都深以自己為然，在信仰旗幟之掩蓋下，是各不相讓的。這樣一來，伊拉斯姆終久要為各個集團所壓逼、所揚棄。而他最後也只能在著作中保留個人的自由，且一五三六年在巴塞爾死時，也不免要成為全歐洲最多仇敵的人了。

四

路德的經歷卻不同。他父母雙全；家裏和學校的管教雖然嚴厲，但總算是親切，充滿著敬虔的氣氛。

不過，他後來進入修道院，內心發生過一場激烈的爭戰，使他對於自己幾乎是完全失望。然後藉著研讀聖經，好不容易才明白在人神的交往上，人是被動的，只是上帝施恩的對象。所以上帝的公義、愛和救贖等等，都不是我們靠自己可以爭取過來的，乃完全是上帝白白賜給我們的力量。

從此路德坦然了。他深信上帝的善意安全可靠，使他全無後顧之憂，進而可以勇敢地面對人生的各種難題。所以在飽歷滄桑之後，他仍然堅信聖經的話，說：「無論是生是死，我們都是主的人。」他引用的是拉丁文：*Domini Sumus*，因此就有兩個意思。若是屬格（*genitivus objectivus*），那麼就表示我們是主耶穌的僕人，要以愛服侍萬人；若是主格（*genitivus subjectivus*），那就表示我們因信耶穌的緣故而為萬物之主，全然自由，不受任何事物的管轄。這是一股澎湃的洪流，定必要衝破一切攔阻而創出全新的局面。

路德既經歷過痛苦的掙扎，備受煎熬，深知人本身罪性的深重，無法自拔，所以要全心仰賴上帝的赦免，俾可藉基督的死而向罪死，又藉著基督的復活而活出新人的樣式來。在這個前提之下，我們也許明白他為甚麼在教會和帝國的雙重壓力下，甘冒生命危險，還是不肯放棄所信了。

本來，路德只想重新了解聖經，想知道福音在當時的環境中會有甚麼意義。可是他的這種信念卻使他突然間成為一個偉大運動的領導者，是全德意志的民族英雄；同時也正因為他堅持所信，不肯讓步，使他後來備嘗眾叛親離之苦，終於在教會分裂之局已成，戰爭的陰影籠罩之下黯然辭世。

五

伊拉斯姆和路德的公開衝突，是由於伊氏於一五二四年出版了他的〈意志自由論〉，逼使路德於次年以〈意志不自由論〉一文回敬。

其實所謂意志自由，翻譯得正確一點該為「選擇的自由」或「決定的自由」。伊拉斯姆在文中指出人是上帝的孩子和夥伴，被召而為上帝的同工。上帝是慈祥的；同時罪雖然削弱了人的力量，卻沒有把上帝給人最貴重的恩賜完全破壞。這些恩賜就是理性、知識及良心。所以只要藉著上帝恩典的助力，人是能夠自己負責的。而人的偉大，也正是因為他是軟弱的，卻能夠在棄惡擇善中保持操守。人若沒有自由選擇和決定的能力，就顯得上帝太過殘忍，並因之故而不必對自己的所作所為負責了。伊拉斯姆就是恐怕倫理道德之趨於崩潰。

然而路德的出發點卻不同。他首先從上帝這方面著手。他的信心要追問為甚麼道要成為肉身，進入這個世界之中？為甚麼基督要死在十字架之上？這豈不表示人沒有祂就要沈淪麼？這豈不表示祂，惟有祂才是人所以得救的最後盼望麼？既然如此，人在這個問題上就沒有選擇的餘地了。

而且「自由意志」只是上帝的屬性。因為上天下地，惟有上帝才能夠完完全全做祂所願意的一切。若說人也有這種自由——即使是有這種可能性，那就未免是僭越，是對上帝最大的不敬了。所以路德強調人性之不自由，正是要指出人乃上帝的造物，不能自己作主。換句話說，人是無權自稱為上帝的，乃必須承認上帝才是真正的至高無上，擁有無上的統治權，要在一切的事情上作主。

另一方面，路德深知人性的脆弱，每況愈下，萬事不離一個私字。所以除非人將自己交在造物主的手中，完全相信祂的恩典，讓自己純然作上帝的工具，否則就無法掙脫自我的綑縛，無法曉得是否討上帝的喜悅，也就是無法自由了。路德所關心的，是得救的確信。這種確信是他所不能放棄的。

自然，這種確信既是出於恩典，出於上帝的慈愛，便不是人的理性所能明白的了。這完全是我們想不到、信不下的，而且剛好與我們所盼望、所相信的相反，乃只有在聽道以後才明白，只有因為看見聖經這樣作證我們才知道。

六

伊拉斯姆主張「意志自由」，是害怕道德之淪亡，害怕人不肯負起自己的責任；反之路德之堅持「意志不自由」，是因為怕人會篡奪上帝的地位，結果在自己飄搖不定、自以為是的構想下，離開了上帝還不知道。

同時二人之不同，與他們個人的生活經驗和性格也大有關係。伊拉斯姆是個性情溫和的人。他最大的希望是世界能夠更新。為此，他掌握著聖經說人能夠重生的應許，希望藉著福音的啟發及古聖先賢的引導，使得不僅是個人，甚至是知識和教育，教會和國家，都要更新變化，使整個社會成為和平的大同世界，這就是Renaissance（重生）的意思，不僅僅是文藝方面復興而已。不過，伊拉斯姆深知道這種工作不是一蹴而幾的，乃需要有耐性，一步一步地進行。而且他的和平理想警惕他分裂的可怕，戰爭的可悲和幼稚。因此他希望藉著基督教的人文主義，以阻止及克服國家民族至上的狹窄觀念。他愛人，仰慕文化，不喜歡硬邦邦的形式和教條；倒願意在你、我和上帝之間，彼此屈膝談心，互相容忍、互相尊重、互相謙讓；你有長處我接受，我有見解你留心；大家總是和和平平的，快快樂樂的，一同在困難當中，在各種壓力之下，為未來的大同世界而努力，使人生有真正的自由和尊嚴。

反過來說，馬丁路德是一個豪放的人，不拘小節。由於他在信仰中經歷過絕望的掙扎，所以一旦發現亮光，就執著不放，大有「雖千萬人吾往矣」的勇者氣概。路德原沒有改革教會或社會的企圖，更不必說要創立一個新的宗派了。他只是想忠於他所信的上帝，盡他作聖經博士的責任罷了。然而由於他擇善固執，鍥而不捨，結果不獨整個教會制度改變了，更在社會和文化方面作出了莫大的貢獻。設想當時沒有馬丁路德這樣的人物，改教運動是否推行得動呢？假如不可能的話，那麼，像伊拉斯姆這樣的人豈非空有理想，成了秀才造反？在另一方面，我們也慢慢懂得，伊拉斯姆所鼓吹的和平主義，所實行的容忍精神，所冀望的大同世界，是我們愈來愈不能放棄的。我們回顧歷史，也許覺得馬丁路德對伊拉斯姆太不了解，太過吹毛求疵了。這個看法也許是對的。其實我們現在只要仔細研究一下，就看出兩者之間的共通點比分歧點還要多得多。可能他們所追求、所夢想的都是同一回事，只是說法和方法不同罷了。因為他們同樣承受了中世紀最佳的文化遺產，同樣是敬虔的，也同樣渴望真正的自由。是的，我們已經知道他們當時無法復合了。我們用不著惋惜。問題是：我們能否在二人身上記取教訓，以作為今日及明天的指南針呢？是的，放開眼睛一看，我們覺得今日的世界也正是為敬虔（或正統）及自由這個問題所困擾。我們徬徨不知所措。我們明知秀才的酸氣不能成就大事，但又不敢公然讚許硬碰硬幹者的所為。結果我們徒然歎息埋怨，顯出既不敬虔，亦非自由。我們在等待，我們在焦急；或者乾脆無動於中，讓絕望或無能吞吃算了。難道我們真的站不起來，為自己及後來者開創一條新路麼？

第二部分

管窺路德神學

(I)理論篇

路德其人其事

蕭克諧

本文的題目是〈路德其人其事〉；主要是談談路德是一個怎樣的人。路德怎麼會成為一位偉大的改教家？他在改教運動中作了甚麼？他在後人的心中留下了甚麼印象？後人對他有怎樣的評價？這是本文想要思想的幾個問題。

為了能對這位有「改教運動之父」尊稱的改教領袖作比較全面的介紹，本文將分成三部分，即改教運動前的馬丁路德；改教運動中的馬丁路德；改教運動後的馬丁路德。

一、改教運動前的馬丁路德（一四八三～一五一七）

1. 寒微的出身　　馬丁路德是德國人，一四八三年十一月十日出生於德國的一座小城埃斯勒本（Eisleben）。次日受洗；按當日習俗，用當天聖徒馬丁的名字作名字。馬丁路德的父親原是農夫，以後改做礦工。根據路德自己的描述，當日家境極為清苦，賴父母辛勤工作得以勉強糊口。在那種窮困的環境中，路德養成了刻苦、耐勞、勤奮、堅定的性格，以及關心農民及其他貧苦人士的心懷。

2. 嚴謹的童年　　路德的父母都是敬虔的天主教徒，對兒女的管教極為嚴格。一次，路德偷了一個核桃，竟被母親打得皮破血流。學校的規則比家中的更嚴。一天上午，路德竟因某一理由欠充分的小事被老師鞭打十五次之多。這種嚴格的家庭和學校生活，加上當時教堂中宣講的煉獄和善工的信息，使得童年的路德對宗教產生了深度的懷疑，對上帝亦存在著莫名的恐懼。

3. 意外的決志　一五〇一年，馬丁路德十八歲的時候，就進了有名的耳弗特（Erfurt）大學。他不獨是一個優秀的學生，也是一個敬虔的天主教徒。一五〇五年七月二日，在他完成哲學碩士後不久，他獨自一人從家裏走回學校去，突然遭遇狂風暴雨。在雷電交加之下，他恐懼起來，就俯伏在地，戰戰兢兢地大聲呼叫:「聖亞拿幫助我，我願做個修道士！」在當日的人的信仰中，聖母馬利亞的母親聖亞拿（St.Anne）是一切礦工的保護者，而路德的父親是礦工。雖然路德從來沒有想過要做修道士，但他不輕看這一「大馬色」的經驗。他相信那意外的決志是「天上來的啟示」的結果。[1]

4. 靈性的掙扎　一五〇五年七月十六日，路德在很多親友的反對下毅然進了耳弗特的奧古斯丁修道院。前後三年，他不獨過著極其刻苦、嚴謹的修道生活，也經歷了深入而苦痛的靈性掙扎。

路德自己說，他進修道院的主要動機是為了討上帝的喜悅。但他覺得罪孽深重，無法爭取到上帝的喜悅。他認為他最大的罪就是不能全心、全力、全意地愛上帝和鄰舍。他試過用各種善工來補救，但結果發現連善工都被罪污染了。他常像聖保羅那樣痛苦得高聲大叫:「我真是苦啊！誰能救我脱離這取死的身體呢？」（羅七 24）

在那三年暗中摸索的日子中，最關心他也給他幫助最大的是修道院的院長施道比次（John Staupitz）。他鼓勵路德多讀聖經，並漸漸將注意力從嚴格遵守律法轉到一位仁慈的耶穌身上。從那些靈性掙扎經驗中，路德清楚看到，人無法靠守律法、行善工而贏得神的喜悅。[2]

5. 真理的覺醒　經過三年艱苦的修道生活後，馬丁路德於一五〇八年應聘出任威登堡大學教授，並遷到威登堡奧古斯丁修道院一座塔上的小室中居住。他除了在修道院教課，並在一間小教堂傳道外，也專心研究神學。四年後，即一五一二年，他獲得神學博士學位，並接替施道比次出任聖經解釋學教授。他擔任這一重要職位凡三十四年，直到一五四六年去世時止。

就任釋經教授後，馬丁路德專心講授聖經各卷，先是詩篇，後是羅馬書、加拉太書、希伯來書等等。在教學期間，聖靈開啟了他的心眼，叫他領悟了羅馬書一章17節有關「義人必因信得生」的真意。他這時才知道，稱義不是靠自己的「努力」（太十一12），也不必像雅各一樣「與上帝摔跤」（創三十二28），像他過去一樣；而是在相信基督耶穌。這「義」是上帝的恩賜；是上帝在基督裏賜給人的；是可以因信基督而獲得的。

因信稱義不是新的道理，因為這是保羅主要的教導之一。但這一個多年來被蒙蔽了的重要教導，終於被路德在那小小的塔裏重新發現了。這一個寶貴的「塔中經驗」不獨使路德個人在靈性上得到解放，也不獨使福音得以恢復原來面目，更為即將來臨的改教運動立下了根基。

6. 改革的決心　路德在救恩道理上的發現，並沒有直接促使他與羅馬教廷決裂。他熱愛教會，尊重教皇，但他也關心並強烈反對當日教會在教導上的某些錯誤，以及在實施上的某些弊端。下面的兩件事給他的刺激似乎特別強烈。

一五一〇年年底，路德曾因公去羅馬。他以朝聖者的心情詳細研究那座聖城的宗教生活，希望在靈性上有所獲得；但結果一無所得。他不獨對羅馬教會領袖靈性的貧乏感到失望，更對教廷生活的腐敗感到痛心疾首。

一五〇六年，教皇利歐十世決定繼續興建因經費不夠而一度停工的聖彼得大教堂。由於工程龐大，需費極多，教皇乃宣布發售贖罪券（indulgence）；任何人購得此券即可獲赦罪。購券愈多，赦罪也愈多；不獨能赦今日的罪，也能赦來日的罪；不獨能赦自己的罪，也能赦在煉獄中的親友的罪。負責推銷的人在各城各鄉大聲疾呼地宣傳說：「金銀在櫃子裏叮噹一響，靈魂立即從煉獄中跳出來。」成千成萬的信徒，包括好些路德教區的信徒，都紛紛爭相搶購。路德再也按捺不住，乃奮不顧身地站起來向教廷挑戰。改教運動的序幕終於揭開了。

二、改教運動中的馬丁路德（一五一七～一五四六）

1. 公開的挑戰　一五一七年十月三十一日晚上，馬丁路德按照當日學術界公開辯論的規矩，將他的意見寫出來，釘在威登堡教堂的門首。在那份寫有九十五條的文件中，路德猛烈批評售賣贖罪券之不當。他所希望的是他的批評能引起廣泛的討論和辯論，從而促使教會進行改革。但他完全沒有想到，那晚所釘的「九十五條」竟成了改教運動的起點。

2. 熱烈的反應　路德的九十五條立刻引起了意想不到的熱烈反應。雖然不少教會當權者反對他，罵他為異端，但支持他的人更多，包括不少在學術界及政治界有影響力的人物。他所寫〈贖罪券與恩典〉專題講章，很快成了人手一冊的讀物；在短短兩個月中竟印行了十二版之多。原因很簡單，這「九十五條」不獨關係到基督教之基本信仰，也表達了人們對羅馬教廷的極度不滿。

3. 教廷的逼害　如果說人們對「九十五條」反應之熱烈是意想不到的，則教皇對「九十五條」反應之強烈也是意想不到的。還來不及審訊，教皇就宣布路德為異端，並下令逮捕一切跟隨他的人，且禁止任何團體給他庇護。一五二〇年六月，教皇正式簽署了開除路德教籍的諭令。在當日來說，這是僅次於死刑的嚴厲處分。但路德不獨不為所屈，還當眾將教皇的諭令燒了。

4. 勇敢的自辯　一五二一年四月，路德應召去沃木斯（Worms）國會中受審。在去沃木斯途中，朋友以胡司．約翰（John Hus）的遭遇警告他。但路德說：「胡司被燒死了，但他的真理沒有。雖然在沃木斯針對我的魔鬼像屋上的瓦那麼多，我還是要去。」

四月二十一日是馬丁路德一生中最重要的日子之一。那天，他站在代表當日世界最高權威和最具影響力的審訊者面前，為自己的信仰辯護。當他們問他是否願意撤回他的意見時，他說：「除非根據聖經的教訓或明確的理由證明我錯了，否則，我不願也不能收回任何東西，因為違背良心是既不穩妥，且是危險的……這就是我的立場！願神幫助我。」從此，「這就是我的立場」（Here I stand！或我就站在這裏！）就成了代表路德一生奮鬥的名言。[3]

5. 聖經的翻譯　沃木斯審訊後，路德成了通緝犯。他的朋友為了救他，特喬裝綁匪將他「綁架」，然後將他藏在一座叫瓦特堡的堡壘（Wartburg Castle）中。他在那裏隱姓埋名地隱居了十個月。在那十個月中，他作了些重要的文字工作。除了寫一些與改教運動有關的論文外，他還完成了全部新約及部分舊約的德文翻譯。

聖經的翻譯是馬丁路德對德國教會和社會最大貢獻之一。過去的德文聖經是根據低劣的拉丁文翻譯的；路德的聖經卻是根據聖經的原文（希伯來文和希臘文）來翻譯的。由於路德熟悉人們的口語、文字和出版物，因此他所翻譯的聖經不獨易讀易懂，而且文字優美。

史家認為，路德的無數著作，特別是德文聖經、小本問答、以及很多的詩歌，對德國語文的發展提供了偉大貢獻。

6. 教義之爭辯　在路德隱居期間，作為改教運動大本營的威登堡頓然羣龍無首。路德的某些較急進的同工，乃乘機推動一系列的極端行動，以便將改革運動變為一場革命。在一些其他狂熱分子推波助瀾之下，他們在各地激起暴動，挑起狂熱，甚至搗毀教堂中的圖像。路德只好在一五二二年三月冒險從瓦特堡回到威登堡。經過連續八天的講道後，局勢才穩定下來。在講道中，路德沒有提到個人的喜好，更沒有責備任何人。他只強調，要推廣和接受福音派的信仰，決不能使用武力。

為了信仰，路德不怕與極端派的人衝突，也不惜與其他信仰相左的人辯論。他與瑞士改教家慈運理（Ulrich Zwingli, 一四八四～一五三一）為聖餐禮的爭辯，就曾哄動一時。路德與慈運理都是詩詞與音樂的愛好者、卓越的學者、偉大的講道家、勇敢的人物。兩人都確信聖經，都反對教皇的絕對權威，都痛恨教會的腐敗。但他們在改教的具體方針及聖經的解釋上常有很大差異。例如，路德認為，教會一切美好的遺傳，包括禮儀，只要不違背聖經，都可保留。慈運理則認為，凡聖經無明文規定的事，包括禮儀，都必須否定。因此，今日信義宗教會對崇拜禮儀之重視比改革宗教會要多得多。[4]

一五二九年兩人為聖餐禮的辯論，最終導致了信義宗與改革宗的分離。慈運理認為耶穌在設立聖餐時所說「這是我的身體」，其真正意思只是這「表明」祂的身體；但路德卻堅信這經文的本意是這「是」祂的身體。[5]

一五三一年，慈運理在對抗天主教勢力的戰爭中陣亡；時年僅四十七歲。他遺下而未完成的在瑞士的改教運動，以後在加爾文（John Calvin, 一五〇九～一五六四）的領導下完成了。

7. 農民之暴動　路德領導的改教運動原只要求教會內部的改革，但想不到竟引起了社會、經濟和政治的動盪。當日德國的土地幾乎完全掌握在貴族和主教手中。農民對這些貪得無厭的地主早已感到深惡痛絕。他們聽見路德強調「基督徒的自由」，就誤以為革命的時候到了，於是發起反地主運動。開始的時候，路德很同情他們，願意為他們在地主前出頭。但路德也嚴厲地勸告他們必須尊敬政府，且警告他們絕對不能動武。可惜的是，農民在一些極端的改教分子的鼓動下，在各地發起暴動。不獨殺人、放火、搶掠，而且搗毀教堂及修道院。路德忍無可忍，遂催促政府出兵平亂。結果有十萬到十五萬人無謂犧牲了。

這一場所謂農民戰爭對改教運動有相當影響。一方面，好些過去視路德為解放先知的農民對路德冷淡了；另方面，路德對一般平民的信心也減低了。但在農民暴動失敗之後，很多農民發現了自己的錯誤，又轉而支持路德。[6]

8. 家庭之建立 路德在改教運動初期即鼓勵男女修道士結婚，並立即獲得成千成萬修士和修女響應，以至很多修道院都空了。但路德自己卻一直沒有結婚的打算，原因當然不是他不了解婚姻的重要，而是太忙。他害怕結婚後無法照顧家庭。一五二五年六月十三日，在他四十二歲的時候，他終於結婚了。新娘是一位出身名門的貧窮修女加塔琳．波拉（Catherina von Bora）。他們以一座幾乎空置了的老修道院為家，建立了復原派教會第一所牧師住宅。

在以後的二十年間，他們夫唱婦隨，生兒育女，過著幸福的家庭生活。他們不獨將家庭作為家人的樂園，也將它作為社交生活及宗教生活的中心。無怪有人說，路德在改教運動中的最大貢獻，除了翻譯聖經，就是建立了家庭。

9. 信仰的辯護 一五三〇年，德皇在奧斯堡召開御前會議，邀請復原派人（Protestant）以書面陳述自己的信仰。復原派人共預備了二份信條，包括信義宗預備的奧斯堡信條。但只有奧斯堡信條（Augsburg Confession）獲准在會議中宣讀。該信條由路德的好友墨蘭頓執筆，而由路德核准。奧斯堡信條共有二十八條，前二十一條說明信義宗的教義；後七條則列出信義宗所反對的當日教會流行的錯誤和弊端。

奧斯堡信條措詞堅定而又溫和；開始就說：「這是我們的教義總綱，其中沒有甚麼與聖經相違的地方，也沒有甚麼與教父著作中的古代教會、甚至羅馬教會相違的地方。」不錯，這信條是建立在從古以來基督教最重要和最基本的三個原則上，即一，聖經具有作為信仰與生活惟一標準的權威；

二，稱義單藉信仰，不在乎任何善工；三，一切信徒都有祭司的職分。路德沒有要求與羅馬教會分離，只要求教會除去教會中某些有違聖經的教義和措施，使復原派的人能按上帝所約束的良心繼續在教會崇拜。[7]

可惜的是，六月二十六日奧斯堡信條宣讀後，教皇不獨不同意改革，反恐嚇要用武力消滅一切信義宗人。從此，信義宗被逼與羅馬天主教分裂了。時至今日，奧斯堡信條仍是信義宗教會最基本的信條。在有些國家，信義宗教會稱為「奧斯堡信條教會」(The Church of the Augsburg Confession)。[8]

10. 最後的肯定　　由於工作之緊張，責任之繁重，路德在晚年的時候，常為疾病纏擾。但為了改教大業，他一直不辭勞苦地過著馬不停蹄、席不暇暖的生活。一五四六年春，他為了調解一項重大糾紛，曾冒著嚴寒趕回他的出生地埃斯勒本，卻不幸病倒了。糾紛解決後的第二天，病勢突然轉危。當晚一位朋友問他:「敬愛的教父，你還是擁護基督和你所傳揚的教理麼？」路德回答說:「是的！」這是他最後的話。次日，即一五四六年二月十八日早晨，路德安息了；享年六十三歲。路德的遺體安葬在他揭示九十五條的威登堡教堂講壇的右側。

三、改教運動後的馬丁路德（一五四六——）

馬丁路德不獨是教會歷史中影響最大的人物，也是世界歷史中最偉大人物之一。有關路德生平著作之多，超過了任何其他教會偉人。雖然不同的人對路德的為人有不同印象，對他的作為也有不同評價，但下面幾點卻是絕大多數復原派基督徒所同意的。

1. 後人對馬丁路德為人的印象　像任何人一樣，路德並非完人。相反地，他有不少叫人批評的地方。他承繼了日耳曼人頑強的性格，和德國農村及礦場粗俗的文化，有時說話不免有欠文雅，措詞不免顯得偏激，態度也不免令人覺得過分拙強，甚至頑固。但他這些缺點都無損於他的改教大業，也無法掩蓋他那文雅、溫暖和熱情的一面。

a. 他熱愛聖經　對路德來說，聖經比甚麼都重要。他不獨從聖經中找到了信仰的答案，也找到了改教的基礎。在改教運動中，他自始至終堅持聖經是信仰與生活的最高準則。這種堅持給了他改教的智慧和勇氣。

然而，在路德時代，只有很少的人有機會閱讀聖經。因為一方面，當日的聖經是拉丁文的，只有飽學之士能看得懂；另方面，印刷術剛剛發明，聖經售價極高，一本新約聖經的價錢幾乎等於一匹馬的價錢。[9]用今日的話來說，幾乎是一輛小汽車的價錢。因此，很少人買得起。路德知道，如果要聖經真正成為教會和信徒信仰與生活的準則，則第一件事即將聖經翻譯為人人能看懂的德文。一五二一年，他趁著在瓦特堡避難的機會，將全部新約和部分舊約譯成人人能懂的德文。據說，路德為了知道他翻譯的聖經是否清楚易懂，曾不時將所翻譯的念給小朋友聽。如果小朋友聽不懂，他就設法修改。一五二二年，路德的新約聖經出版了；立刻成了德國最暢銷的書。至一五三四年的十二年中，這本新約竟出版了一〇六版。一五三四年，他所翻譯的新舊約全書也出版了。

路德不只努力翻譯聖經，也努力教導人明白聖經。一五二九年，他用問答體裁寫了一本小小的書，即著名的《路德小問答》(*Luther's Small Catechism*；中文名《基督徒問答》，或《基督徒要學》）。本書的主要目的在教導兒童明白聖經中的基本要道。一直到今天，這本小問答仍是普世信義宗教會最基本的學道教材，也是所有信義宗教會必須接受的信仰根基之一。我們知道路德是教會歷史上寫書最多的人，據說不少於三五〇本，[10]但路德自己說，即令所有的書都毀滅了，他也不在乎，只要兩本得保留就夠了。其中一本即這本小問答。（另一本是《答伊拉斯母》*Reply to Erasmus*）[11]

由於路德熱愛聖經，高舉聖經，並鼓勵人讀聖經，故在教會歷史上，信義宗教會贏得了「聖經公開的教會」的美名。

b. 他熱愛教會　路德改教的目的不在革教會的命，也不在推翻教皇，更不在創建新的教會，而在更新教會。為了使教會能在信仰上回到真理，在生活上保持聖潔，他不惜冒身敗名裂和死亡的危險，勇敢地與當日宗教及政治最高的權威對抗。他願意像基督一樣為教會捨命，因為他也像基督一樣熱愛教會。

路德其所以熱愛教會，尊重教會，是因為他相信教會是基督的身體。他說：「一個人若想找到基督，必先找到教會。教會不是木頭和石塊，而是信基督的人的羣體。基督在他們中間；在基督教會之外沒有真理，沒有基督，沒有救恩。」[12]

路德被當時的教會開除了，但他沒有背棄教會，而是當時的教會背棄了他所相信的基督。

那些反對路德的人，常以「路德派」一名來嘲笑那些追隨路德的人。當教會的分裂已成定局，路德的追隨者有意用「路德派」作為新教會的名字的時候，路德曾強烈反對。他聲色俱厲地說：「我要求世人不提我的名，自稱為路德派；只要稱為基督徒。路德算甚麼？我的教理都不是我的；我也沒有為任何人釘十字架。」在路德的寫作和講論中，他喜歡用福音派來稱呼他所領導的教會，表明這是一個高舉聖經中的「福音」的教會。可惜的是他那語重心長的意見竟被當日那些狂熱的追隨者忽略了。一直到今天，普世各地追隨馬丁路德的教會仍幾乎清一色地自稱為「路德宗教會」（Lutheran Church），惟一例外的是我們華人教會。

一九〇七年，在中國工作的信義宗宣教士在上海開會。決議之一是：今後所有教會及聯合事工均應以「信義」為名，以強調路德一生所強堅持的「因信稱義」的教義。因此，一九一三年在湖北灄口成立的聯合神學院稱為「信義神學院」（信義宗神學院前身）；一九二〇年在河南雞公山成立的全國性教會稱為「中華信義會」；一九二四年成立的聯合出版機構則稱為「信義書報部」（道聲出版社前身）。[13]

c. 他熱愛家庭　路德在發現修道士守獨身的制度只是教會的遺傳，而不是聖經的教訓後，就鼓勵他們結婚。很多男女修道士的婚事都是由他親自撮合的。一個叫迦塔琳・波拉的修女卻坦白向人表示，她決不結婚，除非是嫁給路德。一五二五年，當路德四十二歲的時候，他真的與迦塔琳・波拉結婚了。雖然他們相差十六歲，卻能恩愛相處，且前後生了三男三女。

路德雖是一個靈性巨人，但在生活的料理上卻顯得一籌莫展。結婚前，他連鋪牀的事都少理會。晚上疲倦了，總是倒頭就睡，有時連衣服也來不及脱。久而久之，牀上的草蓆變成了硬塊，連他自己也覺得不能再睡了。[14]

結婚後，一切改變了。迦塔琳是一個非常能幹的妻子。在她的設計和勞苦下，他們居住的那座死氣沈沈的修道院很快變成了一座生氣勃勃的牧師住宅。路德很好客，他們的家成了一個充滿歡樂和靈感的團契中心。路德也很健談，而他的性格又幽默開朗，因此，飽食之餘，他常天南地北無所不談；其中免不了有些容易引起誤解的談話。他的學生暗暗地將他所講的記錄下來，成了今日有名的《餐桌談》(*Table Talk*)。

路德熱愛他的家人，特別是孩子們。雖然孩子多，麻煩也多，但他卻常説：「小孩愈多，快樂愈大。」[15]在繁忙的工作之餘，他喜歡帶孩子們玩耍，給他們講故事，教他們唱歌。在他出外公幹的時候，也不時給孩子們寫信，有的信寫得非常親切感人。[16]雖然路德是大忙人，卻不怕幫忙作些家務。他甚至鼓勵做丈夫的，要不怕別人譏誚，多協助妻子洗曬尿布。他説：「讓他們譏誚吧！上帝和天使會在天上微笑的。」[17]

無怪有人説：「路德改教運動之所以成功，不獨因為他有一本真理的聖經，也因為他有一個快樂的家庭。」

d. 他熱愛自由　　前面説過，路德從小就是一個尊重教會傳統，尊敬教皇權威的人。但他更珍惜個人的自由。他相信個人自由是上帝所賜的。因此，為了維護上帝所賜的這種自由，他不願與羅馬教皇無謂地妥協，也不肯向德國皇帝無理地屈服。

但路德的自由不是目無法紀或漫無原則的。因此，他不獨堅決反對像農民暴動那種無政府主義的作法，更為基督徒的自由訂出了非常崇高而嚴格的標準。一五二〇年，他寫了一本非常重要的書，即《基督徒的自由》(*Christian Liberty*)。在該書中，他為基督徒的自由提出兩個極有意義的原則，即：因信，我們是萬人之主，不受任何人的奴役；因愛，我們是萬人之僕，受一切人的管轄。換句話説，路德所主張的自由是以信和愛兩者為標準。他認為相信上帝與熱愛人羣是分不開的；個人的自由與人羣的需要也是分不開的。在路德眼中，只有能兼顧信神和愛人的自由才是真正的自由。

e. 他熱愛音樂 路德從小就有一副好的歌喉。念中學的時候，他不獨參加教會詩班，也獲准在街頭歌唱。他從詩班所獲的「車馬費」和從街頭歌唱所獲的奬學金（這是當時奬學金制度的一種），解決了他當時的經濟困難。

路德不獨自己喜歡歌唱，他更注重教會會眾的歌唱。在中古時代，在崇拜中擔任歌唱的主要是神甫和詩班，會眾很少有參與的機會。但路德不以為然。他認為人人有歌唱的本分，人人也有歌唱的權利。於是，路德起而修改崇拜禮儀，使會眾成了崇拜中的主要歌唱者。無怪在聖樂歷史中，路德被稱為「會眾歌唱之父」（Father of Congregational Singing）。當然，路德深知牧師在會眾歌唱中的重要，因此他曾在《餐桌談》中對學生説：一個人如果不會唱歌，我就不按立他為牧師。

路德究竟寫過多少首詩歌，沒有人確實知道。有人説，他一共寫過一二五首。其中最著名的就是《神為其民堅固保障》（*A Mighty Fortress is Our God*）；那是他在一五二九年面對教皇和皇帝嚴重壓力時根據詩篇四十六篇而寫的。

路德對音樂的重視和熱愛，可從他説的下面的幾句話中看出來：「除了神的道，音樂是最值得讚美的。神將語言的恩賜連同歌唱的恩賜給人，叫他能用音樂來傳揚神的道。」「音樂是神的賜予和恩典，不是人的發明。它能驅除魔鬼，使人歡樂。」「除了神學，音樂是惟一能給心靈帶來平安和喜樂的藝術……在音樂面前，正像在神的道面前，魔鬼必逃跑。」[18]

2. 後人對馬丁路德事工的評價　路德離開我們已經超過四個半世紀了，但從某種意義來說，他仍是一個沒有被人正確瞭解的人。一九七〇年，天主教紅衣主教威勒貝蘭茲（Jan Willerbrands）在世界信義宗聯會第五屆大會演講中說：「幾個世紀以來，馬丁路德的為人沒有常常獲得天主教人士正確的欣賞，他的神學也沒常常獲得正確的介紹。」[19] 其實，何止天主教派人如此，復原教派人、甚至信義宗人也常一樣。不同的人常對他有不同的評價。有人認為他的改革不夠徹底；也有人批評他對農民暴動的處理過分偏激；還有人盲目地尊他為一位新的沒有錯誤的教皇。不錯，正如前面說過，馬丁路德並不是完人；他領導的改教運動也不是無可疵議的。但後人對路德的很多批評，特別是事工方面的批評，主要是由於誤解了路德的使命和路德的背景，特別是他的靈性背景。

a. 路德是改革家而非革命家　我們曾一再強調，路德改教運動的基本目的不是要分裂教會，推翻教皇，而是要在信仰和生活上更正教會的錯誤，使教會能恢復原來的面目。換句話說，他的目的只是革新，而不是革命。因此，他反對用武力來推翻政府，也反對用暴力來爭取改革。他確信他的使命是用和平的方法來革新教會。

b. 路德是中庸的改教家而非偏激的改教家　有人批評路德的改教運動太保守了，不夠徹底。他們認為路德應當廢除天主教會一切非出於聖經的制度和遺傳，包括崇拜的禮儀和教堂的裝飾。其實，路德並不是一個墨守成規的人，如果是的話，他就不會廢除神甫的獨身制度，更不會堅持「人人有祭司（神甫）職分」的主張。但路德絕不是一個標新立異者，更不是一個偏激主義者。他認為教會的制度和遺傳，只要不違反聖經，而又對信徒的信仰和生活有益，就可以保留。因此，他沒有要求摧毀當時教堂中已有的裝飾，像當時某些偏激的改教家所作的；他也沒有完全廢除當時教會崇拜的禮儀，只是大加修改和簡化，使它更適合當時信徒的需要和社會的情況。用中國文化的術語來說，路德所遵循的是我們中國人世代崇尚的「中庸之道」。

c. 路德是神學家而非政治家　路德是徹頭徹尾的神學家，因為他的信仰是完全來自聖經，他改教的原則和方法也完全建立在聖經的真理上。雖然路德是一個多才多藝的人，但他的才藝比起他在神學上的造詣就算不得甚麼。我們幾乎可以說，除了聖經和神學，路德所知的非常有限；除了宣講福音，研究神學，路德能作的也非常有限。他在威登堡教堂前張貼九十五條時，只想以一個神學家的身分公開辯論售賣贖罪券的問題，根本沒打算要做一個轟轟烈烈的改教領袖。雖然擁護他的人多，但他沒有任何政治野心，更沒有在權勢上去和教皇或主教們分庭抗禮的企圖。他甚至沒有從政的興趣，像加爾文那樣在日內瓦建立一個像宗教王國的政治實體。如果有人批評路德，說他不懂政治，是容易理解的，因為路德根本不是一個政治家，也無意做一個政治家。

d. 路德屬於全教會，而非僅屬於信義宗教會　前面也提過，在改教運動的初期，路德無意另組教會，更不主張設立信義宗（路德宗）教會。雖然以後為勢所逼，他無法不組織新的教會，但也只以「福音的教會」相稱。如果我們了解得不錯的話，路德很希望當時一切決心脫離羅馬和高舉福音的教會都採用這一名字。

我們強調路德屬於全教會，主要不是名稱問題，而是信仰問題。他所揭示的改教三原則曾獲得所有改教家的認同（聖經是信仰與生活的最高權威；因信稱義；人人皆祭司）；他所強調的四個「惟獨」（惟獨聖經、惟獨基督、惟獨信心、惟獨恩典）更為所有福音教會的講壇帶來了新的內容和動力。

我們不能否認路德對信義宗教會的貢獻，但我們更不能否認路德對全教會的貢獻。

e. 路德屬於全世界，而非僅屬於德國 路德是地道的德國人。他熱愛德國的同胞和教會；他尊重德國的政治和制度；他認同德國的文化和傳統。他不獨在宗教上為德國帶來了翻天覆地的改革，也在教育、文學、藝術、政治上為德國提供了不少貢獻。他對德國整體的貢獻，無疑超過了任何人。

但路德的貢獻，不局限於德國，而是廣及全世界。如果沒有路德領導的改教運動，我們可能沒有今日的世界。例如，路德和其他改教家如加爾文等均大力主張推行普及教育，以提高人民的知識水平。這種主張對普世文化素質的提高有莫大貢獻。何禮魁（H. H. Holmquist）教授曾說：「信奉復原教的諸國在文化上優於信奉天主教的諸國，乃改教運動提倡較高的國民教育的直接結果。」[20]但路德對世界的更大貢獻是他對個人自由的強調。所謂「人人有祭司職分」的概念不單具有宗教意義，也具有政治意義。在美國的獨立宣言和法國的大革命中，都能找到這種自由概念的影響。

但路德對普世的貢獻主要仍是宗教的。若沒有路德起而改教，我們的教會在信仰和生活上可能仍像中古時期的那樣。我們仍得盲目地順服教皇；我們仍得相信教會的遺傳像相信聖經那樣；我們仍得通過像聖母馬利亞等一類的中保才能進到上帝面前；我們仍得靠刻苦、修行等善工才能稱義；我們仍得看主教、神甫、修女和修道士的身分比任何其他身分更神聖、高貴。

必須說明的是，今日的天主教會已不完全是馬丁路德時代的天主教會了。由於改教運動的衝擊，天主教會曾不斷進行反省與改革。結果是，無論在教義、生活及實施上都有不少革新。這可以說是路德的改教運動對羅馬天主教會的貢獻。

路德死後，迦塔琳在悼念亡夫的文章中說：「……他不但服役於一城一國，乃是服役全世界……祂不單從我一人取了他去，乃是從全世界取了他去……」[21] 這可能也是我們對馬丁路德一生最簡單而適當的結論。

註釋

1. 谷勒本著，李少蘭譯：《教會歷史》（香港：道聲出版社，1986），頁 286-287。

2. 同上，頁 288-289。

3. 同上，頁 301。

4. 同上，頁 324。

5. 同上，頁 314。

6. 同上，頁 310-311。

7. 同上，頁 317，264。

8. Amos John Traver, *A Lutheran Handbook* , Revised Edition (Philadelphia: Fortress Press, 1964).

9. 何禮魁著，戴懷仁、陳建勛譯：《馬丁路德》（香港：道聲出版社，1953）頁 84。

10. 參同上，頁 156。教會歷史中只有兩個人在著作數目上可略與路德相比，即奧古斯丁和革熱赤爾。前者寫書二三二本，後者二六八本。

11. 羅倫培登著，古樂人、陸中石譯：《這是我的立場》（香港：道聲出版社，1987），頁 411。

12. John R. Brokhoff, *Luther Lives* . (Lima, Ohio: The C.S.S. Publishing Co., 1983), p.19.

13. 參蕭克諧：《認識信義宗教會》（香港：道聲出版社，1997），第一章。

14. 何禮魁：《馬丁路德》，頁 159。

15. 同上，頁 166。

16. 同上，頁 166-168 記有路德寫給四歲兒子漢斯的信。

17. 羅倫培登：《這是我的立場》，頁 364。

18. 參同上，頁 415-416 及 Brokhoff, pp.20 & 25。

19. Sent Into The World: The Proceedings of the Fifth Assembly of the Lutheran World Federation, Evian, France, July 14-24, 1970. p.63.

20. 何禮魁：《馬丁路德》。頁 214。

21. 同上，頁 197-198。

路德的釋經原則：今天仍適用嗎？

周兆真

馬丁路德可說是十六世紀宗教改革時最偉大的領袖，由於他的工作成就和豐碩著作，後人對他評價極高。路德曾被信義宗信徒視為上帝差派來的先知，敬虔派以他為第一位敬虔主義者；德國人民當時以他為民族英雄，羅馬教廷則以路德為最大的「敵基督」。在聖經詮釋方面，基要派認為路德支持聖經無誤說，但開明派則以他為近代以歷史鑑別方法來研究聖經的先鋒。[1]

以上種種說明一個事實：要從路德汗牛充棟的著作中找出一個客觀的路德形象並非易事。釋經方面，路德亦未曾專門寫下一些釋經原則讓後人參考。加上在不同處境下路德對經書的態度和釋經方法又不是一成不變的，[2]要從他的著作裏抽取釋經原則更是不易。值得慶幸的是前人在這方面下了不少功夫，他們的研究結果在細節上雖有出入，大體上是頗一致的。

此外，研究路德學說以其釋經原則為入手未嘗不是一個正確的方法，因為改教運動本來就是一個忠於經文解釋的結果。[3]而路德本人就認為自己最重要的工作便是解釋和教導聖經。[4]

本文題目名為〈馬丁路德的釋經原則：今天仍適用嗎？〉，由於時間倉卒和筆者「功力」有限，以下只是一個「拋磚引玉」的嘗試，希望能對讀者有所啟發。全文目的有二：第一是以前人的研究結果為基礎，描述路德的釋經原則；第二是比較路德和今人釋經方法的異同和其在今天的適切性。

一、要能掌握路德的釋經方法，先要交代幾件事情

a.　中世紀的釋經權威及至路德時候，除了聖靈以外，最要緊的便是教皇的權柄和教會的傳統。事實上，路德和羅馬教廷的爭議焦點往往都是在釋經權威這方面。在贖罪券的爭論中，迦耶坦（Cajetan）要路德推翻一切反贖罪券的言談和著作，理由是九十五條中的第五十八條和教皇革利免六世（Clement VI）論基督功德的道理不符。[5]另一方面，在萊比錫（Leipzig）的辯論中（一五一九），論到馬太福音十六章18節和教皇的權威時，厄克（Eck）引用奧古斯丁和耶柔米等教父的著作斥責路德說：「莫非你認為自己比教皇和教父更懂聖經嗎？」[6]可見中世紀解經的目的就是以經文來維護教皇和教會的言論，解經者難以提出相反的看法。

b.　中世紀的解經方法有四：第一是按字面意義解經（literal）；第二是按經文的倫理意義（tropological）；第三是按經文的末世意義或奧祕性（anagogical）；而第四就是寓意式解經（allegorical）。[7]四種方法中又以寓意式最為盛行，而字面意義解經則最為忽略。路德承認聖經上也有寓意解經的例子（例如太十三17～23），但卻認為不能濫用。他主張釋經的第一步是找出經文的字面意義；這是因為在寓意解經的影響下，當時許多解釋都不是經文原意，而是斷章取義，

甚至硬把教會教義套上絕對不相關的經文內（*eisegesis*）。例如路加福音二十二章38節記耶穌被捕的晚上，門徒對耶穌說：「主啊，請看這裏有兩把刀」；而主耶穌回答說：「夠了」。這兩把刀就被解釋為屬靈和屬世的權力，更成為支持教皇擁有這兩種權柄的證據。[8]由此可見，寓意解經當時被濫用的程度。

c. 由於路德沒有訂下一套釋經原則，研究這方面的工作往往都要從其著作中抽取和詮譯。值得注意的是路德釋經精彩處往往記載於其與敵對者爭辯的著作中，許多時候在不同場合他會說不同的話。當路德反對極端派稱靠聖靈而任意解經時，便強調經文在字面和歷史上的意義。另一方面，他雖然反對寓意解經，卻又會在其他場合使用類似的方法。[9]所以要從路德著作中了解他的釋經原則，必須留意該段文字所針對的問題和寫作的背景。

d. 最後要提的便是路德的「塔中經驗」（tower experience），這是指路德在自己房間中研讀羅馬書一章17節所得的亮光。他自言這個經歷有如重生，走入天堂一樣。因為按照他從前的了解，同段經文提到的「神的義」是指神的忿怒和懲罰。不過「塔中經驗」讓他明白神的義就是神的恩典，藉著信而臨到信主的人身上。[10]這個經歷成了路德發展「因信稱義」道理的基礎，同時也影響了日後他對其他經文的了解。

二、路德的釋經方法

現在讓我們看看路德的釋經方法。雖然路德的釋經原則並非一個封閉系統，同時他又沒有刻意寫下一套這樣的原則，但有幾點是學者贊同的：

a. 第一是以經解經，就是說要以聖經來解釋聖經，這本來不是甚麼新的發現，也不是說前人反對聖經權威。路德強調以經解經是針對當時教會將教皇訓諭和教會傳統置於聖經頭上的習慣。他認為解經者必須對經文順服，而不是以經文來支持自己的理論或教會的傳統。[11] 他更認定聖經是聖靈默示、是神賜給人的恩典，其內容是清晰的，縱或有難明之處，也是因為我們在文字和文法上的淺薄而已。[12] 因此要明白經文，就必要在原文語言上努力，而不是假借外來的權威。例如當厄克引用耶柔米和其他教父的著作以支持馬太福音十六章 18 節中的磐石是指彼得、教皇時，路德反對說：「縱使奧古斯丁和教父認為馬太福音十六章 18 節是指彼得，我卻有使徒保羅的支持」，他引用哥林多前書三章 11 節，來支持自己的話。[13]

「以經解經」一方面顯出路德對聖經的了解和對上帝話語的尊敬，另一方面亦是其反對羅馬教廷置傳統於聖經頭上和駁斥狂熱派的任意解經的工具。正確來說，路德絕對不是「反傳統」和反對「聖靈亮光」。他尊重教父，尤其推崇奧古斯丁；他又接受由教會會議訂下的信條（例如尼西亞信經），他也強調明經要靠聖靈，卻不是如狂熱派只講特別亮光而不根據經文那一套做法。他雖批評俄利根（Origen）的寓意解經（allegory）有如空白的夢和猴子戲，卻以創世記中的人物爭鬥寓為教會爭鬥的預表。因此可見路德釋經方法使用的彈性。[14]

b. 第二，路德強調字面意思和經文歷史背景的重要。在以賽亞書的序言中他強調讀者必先要對以色列在以賽亞當時的歷史和民生地理有一正確理解，才能明白先知的預言。[15] 在羅馬書的序言中路德便先扼要解釋羅馬書中的一些重要名詞，認為不能掌握這些詞句的意義便不能明白羅馬書。此外，由於字面意義的重要，路德強調學習聖經原文，並申明在解經時，除非字面的意義互相矛盾或與教理不符，不然便要按著字面意義解釋。[16] 在另一處地方路德說只有按著字面意義解釋經文的才說得上是好的神學家。[17] 相反，不按字面解釋則是一切異端的源頭。[18]

c. 第三是以基督為中心。路德喻聖經有如一個滿了硬殼果的園子，其中有些果子是難開的，不過只要將這些果子擲向磐石（基督），它們便會應聲而開的了。[19] 路德認為基督是聖經的主人，[20] 所以釋經必要以基督為中心，宣講基督。基督是主，而經文是僕。他曾言：「要是敵人引經來攻擊基督，我便要以基督來攻擊經文。」[21]

本來以基督為聖經中心也不是甚麼新的釋經原則，只是前人在這方面有以基督為一教導美德的教師，或是傳講倫理道德的先知，或是立法者；而路德則強調基督是上帝的恩慈，是為人受苦受死的主。也因為這個緣故，路德特別喜歡讀羅馬書，認為羅馬書中所講「因信稱義」的道理是最純正的福音，是一道大光將聖經的道炫現人前。[22] 對於那些與「因信稱義」道理不能清楚相符，或存相反意向的經文，路德是存相當保留態度的。他曾改換經書排列次序，將希伯來書和雅各書放在猶大書之前，而在彼得書信之後，便是這個原因。在其新約翻譯的序言中，路德認為和其他經書比較，雅各書有如稻草，甚至說他願意從其個人聖經中除去此書。[23]

d. 第四個釋經的原則和路德對上帝的道（Word of

God）的看法有關。他認為釋經不能單是歷史性的（historical），只是關心從前發生了的事，還要找出經文今天的意義（existential）。他説上帝的道可分為三方面：一是指耶穌基督道成肉身（The Incarnated Word），二是指宣講的道（The Spoken Word）；而第三則是寫下來的道（The Written Word）。[24]這三方面路德認為最要緊是耶穌基督道成肉身，其次便是宣講的道。他強調釋經要是只關心經文（寫下來的道）在過去的意義而不能應用在今天的宣講，經文便是冷冰冰的，與人無干。[25]因此路德的釋經可説是宣講性的，是要使人歸主和使信徒得指導的。

三、路德釋經原則與今天釋經法的比較

下面是比較路德釋經原則與今天的釋經方法，目的是要看其異同和在今天的適用性。

a.　路德注意經文的歷史背景，這也是今天釋經學（Exegesis）所重視的。歷史鑑別、編修鑑別和形式鑑別等都是著重歷史性的研究。簡單來説，今天的新約釋經方法可根據三個不同的著重點而界分。第一是著重作者（author）的原意；第二是以現成的經文（text）為焦點；而第三則是強調讀者（receptor）的理解。研究作者原意是歷史性的，至於研究讀者理解則要視所指的是哪一位讀者，要是指第一世紀原讀者，當然又是歷史性的了；至於以經文為主的研究方法也可以是歷史性的，譬如從事釋經修辭學（Rhetorical Criticism）的學者便要認識希羅世界的修辭方法。難怪有人説以歷史研究為基礎的釋經書籍仍是最受歡迎的。[26]

在「新詮釋學」（New Hermeneutic）和「讀者回應」

（Reader Response）這些釋經方法影響下，今天有學者倡說釋經的任務是經文對今天讀者的信息，而不是歷史研究。這是路德不能接納的，因為他雖然也強調經文對讀者的存在（existential）意義，卻沒有忽略歷史。[27]至於這些低貶歷史背景的釋經方法，今天仍備受非議。[28]

從另一角度來看，路德的以經解經也是與今天的釋經原則不盡相符的。上面我們提及路德引用哥林多前書來解釋馬太福音，[29]這是因為對他來說，聖經是一個整體，而作者都是一致的。從作者本意都是見證基督的觀點來說，這是對的；但從經文或文字的角度來看，這卻不一定對。因為由於作者、讀者、地方和寫作的歷史背景不同，同樣的字句或經文在不同的處境（context）也許會有不同的用法和會引發不同的關聯或是產生不同的意義。[30]解釋馬太福音最好是用馬太自己的說話，而不是引用保羅，相反亦然。[31]

b.　與三 a 相連的，就是路德以基督為中心的解經法。概括來看，路德是對的，因為新約作者都承認基督為主，他們寫作目的之一便是為基督作見證。這是新約聖經的一致性（unity）。不過當路德強調聖經書卷的一致性時，卻忽略了他們的多元性（diversity），或獨特性（particularity）。就以基督論來說，保羅對基督的了解或強調就不一定和馬太相同。[32]保羅形容基督是新亞當（羅五 12 及後；林前十五 22），是為我們贖罪釘死十架的主（羅三 24 及後），而馬太則強調耶穌比摩西更大（太五 21～48），是智慧的化身。[33]

c.　此外，由於「因信稱義」的道理可說是路德一生最大的發現（參上一 d 塔中經驗），它也成了路德釋經的骨幹，影響著路德對聖經的了解。當他反對羅馬教廷和極端改革路線將一些與經文無關的教義或觀點硬套於經文中時，他本人也脱不了同樣的嫌疑，因為「因信稱義」的道理實在左右了他對經文和個別經書的解釋和評價。近代釋經巨擘布特曼（Bultmann）的解經方法為人詬病也是他先入為主的將存在主義哲學思想注入釋經之中。[34] 雖然絕對「客觀」的釋經研究是不存在的，這卻不是説讀者可以任意解經，而是更要小心和務求客觀，因為愈是客觀的研究就愈得經文的原意。

以上是筆者對路德和今日釋經方法的一點理解和比較。誠然，路德與今人相距幾百年，他的釋經方法和他對經文的理解自然和今人有異。不過，路德在釋經方面的貢獻不單在當時是肯定的，就是今天還是有其一定的價值。他所提倡的以經解經、熟讀原文、尋求字面和歷史的意義、以及基督是經文的主和宣講的中心等釋經原則，都是不容忽視的。

註釋：

1. H. Sasse, "Luther and the Word of God" in *Accents in Luther's Theology* , ed. H.O. Kadai (London: Concordia, 1967), pp.47-48.

2. 舉例來説，在早期和後期的新約序言裏，路德對雅各書的評價和語調便有不同，參 P. Althaus, *The Theology of Martin Luther* （Philadelphia: Fortress, 1966），頁 84-85 。

3. Sasse, 同上，頁 51 。

4. R. W. Doermann, "Luther's Principles of Biblical Interpretation: Can We Still Use Them? " in *Interpreting Luther's Legacy* , eds. F. W. Meuser and S. D. Schneider (Minneapolis: Augsbury, 1969), p.15.

5. Sasse, 同上，頁 53 。

6. J. Pelikan, *Luther the Expositor: Introduction to the Reformer's Exegetical Writings* (Saint Louis: Concordia, 1959), p.114.

7. 參 J. Lindhardt, *Martin Luther, Kuowledge and Mediation in the Renaissance* , (Clewiston: Edwin Mellen, 1986), pp.171-176。

8. Sasse, 同上，頁 57。

9. 參 Pelikan, 同上，頁 95-108。

10. Doermann, 同上，頁 17-18。

11. W. S. Chau, *Luther's Hermeneutical Principles in the Lectures on Galatians (1531/1535)* , Unpublished M. Th. thesis, Lutheran Northwestern Theological Seminary, St. Paul, Minnesota, 1987, p.84.

12. J. Pelikan, et al. (eds.), *Luther's Works* , Vol.33 (Saint Louis: Concordia, 1958-1986), p.25.

13. 參註 6 書，同頁。

14. 路德認為寓意式可用作證例（illustration），而不是證明（proof），參 Doermann，同上，頁 15， 22-23 及上述註 9 書，同頁。

15. *Luther's Work* , Vol.35, p.274.

16. 同上， Vol.33，頁 162-163。

17. 同上， Vol.39，頁 178。

18. 同上， Vol.33，頁 163。

19. 參同上， Vol.11, 23; M.Brecht, *Martin Luther: His Road to Reformation* (Philadelphia. Fortress, 1985), p.84.

20. *Luther's Work* , Vol.26, p.295; 參 Althaus，同上，頁 79。

21. Doermann, 同上，頁 20。

22. 見羅馬書序言 *Luther Work* Vol.35，頁 365-380；參 Althaus，同上，頁 79。

23. 雖然後期路德對雅各書的態度有點軟化，但基本上是不變的。參上述註 2 書，同頁。

24. Althaus，同上，頁 35。

25. *Luther Work* , Vol.27, p.386.

26. V. Luz, *Matthew 1-7, A Commentary* (Edinburgh: T & T Clark, 1990), p.6.

27. 路德評自詡憑靈意解經而忽略字面和歷史背景的是任意解經，參註 16。

28. 史丹頓（Stanton）認為要是「讀者回應」忽略經文對原讀者的意義，便是有如聖經作者邀請野餐，大家來了，卻各自帶了自己的食物。（筆者意譯）參 G. N. Stanton, " The Communities of Matthew", *Interpretation* 46, 頁 380。

29. 參本文二 a。

30. 舉例說：路加和馬太對耶穌說的「這世代是一邪惡的世代，他們求神蹟，除了約拿的神蹟以外，再沒有神蹟給他們看。」（路十一 30；太十二 39）就有不同的理解，參 S. Chow, *The sign of Jonah Reconisdered: A Study of Its meaning in the Gospel Traditions*，（Stockholm: Almqvist & Wiksell , 1995）；L. Hartman, "Text and Context: How Texts Got New Meanings", Public Lecture given in Lutheran Theological Seminary, Hong Kong, January 27, 1997。

31. 以登山寶訓（太五～七章）為例，重洗派認為是真正行為的要求（參太二十五章），而路德宗信徒則以該段經文目的是要人知罪而投靠主，完全是以保羅因信稱義的道理來解釋馬太。Luz，同上，頁 219-220 認為重洗派的解釋才是馬太的原意。

32. 這裏要留心的就是不相同卻不一定是矛盾或互不相容。不同的理解往往是因為歷史背景不同帶來不同的著重點而已。筆者曾聽一位非洲宣教士說在非洲傳福音著重傳講主勝鬼魔多過傳講主為我們死和贖罪的道理，因為對當地人來說，後者比較難以明白。

33. 參 M.J.Suggs, *Wisdoms, Christology, and Law in Matthew's Gospel*（Cambridge. Harvard V. Press, 1970），頁 31-61。

34. 參 E.P. Sanders, *Paul and Palestinian Judaism*（Philadelphia: Fortress, 1977），頁 442-443 對 Bultmann 解釋保羅神學的評語。

路德聖餐觀之探討

羅永光

一、引言

今天少有信徒問及「聖餐」的意義。有人按照聖經字面的記載，把聖餐理解為「紀念」或「遵行耶穌的命令」；也有人跟從教會傳統的教導，接受聖餐是「信徒在基督榮耀的身體中的參與」；更有人依靠個人的感受去體認和解釋聖餐，聖餐可能變成可有可無的東西。無疑，在這課題上信徒的理解和神學的探討有一定的分別，可是，「神學的探討」總應該為「信徒的理解」提供指引，不然，信仰上很多重要的東西都會被忽略或失去其原來的意思。

本文的目的不是要給予「聖餐的意義是甚麼」這問題一個標準答案，乃嘗試清楚和扼要地介紹一個甚具代表性的聖餐觀——路德的聖餐觀。在聖餐觀方面，華人基督教會多受改革宗影響，不單是信徒，甚至不少牧師和傳道對路德聖餐觀的認識都不多，希望本文能為華人教會提供多一個參考。

路德對聖餐的解釋有其獨特之處，且與羅馬天主教，甚至與慈運理和加爾文的見解水火不容，然而，要了解路德的聖餐觀不宜只關注在其「爭論點」上，因為路德的聖餐觀的建立是經過一個過程，而且當中仍包含不少傳統的要素。

二、路德聖餐觀的發展

很多研究路德聖餐觀的神學家都把路德聖餐觀的發展劃分為數個階段，雖然按年份計算，他們的劃分是略有出入的，可是他們的研究成果確能清楚指出路德聖餐觀不同發展階段的特點。[1]

1. 第一階段：嘗試正面地接受羅馬天主教傳統的聖禮教義

在聖餐的問題上，路德並非自一五一七年提出九十五條以後，便立即有了與羅馬天主教完全不同的見解，他甚至在一五一九年有關「聖餐的物質與基督的身體兩者之關係」的討論中，[2]仍然主張「變質說」（Transubstantiation）。[3]明顯的，此時的路德在聖餐的解釋上仍接近以奧古斯丁為基礎的教會傳統，中心關注是「基督的臨格」（Personal Presence of Christ）和「聖徒的聯合」（*communio sanctorum*）。他強調聖禮是基督的犧牲（*crucifixio Christi est sacramentum*），而聖禮的特性是以基督的被釘來表達。因此之故，領餐者應有「真的悔改」（contritio），就是「反思罪惡」和「愛公義」。然而，這「真的悔改」絕不是人本身的功德，乃完全是上帝的賜予，這一點與羅馬天主教的解釋是相衝突的。[4]

2. 第二階段：對羅馬天主教的聖餐教義之批評　路德在一五二〇年發表的《教會被擄於巴比倫》明顯地表現出他在聖餐的解釋上有了新的轉向，並與羅馬天主教的解釋決裂。[5]他對天主教的批評主要集中在三方面：

a.　他認為神甫只是僕人，不是主人，他們不應該把聖餐杯從信徒中拿走，只給自己飲用；

b.　羅馬天主教所主張的「變質說」既無聖經依據，也不合理性，不能接受；

c.　把彌撒當作「獻祭」和「善功」，使人對聖餐失去正確的信仰，並把聖餐變成一種「交易」，這樣便叫上帝的恩典失色。

路德的這些批評是基於他對聖餐與赦罪恩典的關係的了解。他把焦點從人的「真的悔改」轉移到「聖禮作為拯救的施予」（Sacrament as Giving of Salvation）之上，其主要的分別在於聖禮不再是把人帶去基督那裏，乃是把基督帶來。而基督臨在的解釋不再單是基督的臨格（Personal Presence），而是基督的身體和血，真的臨在於餅和酒這可見的標記中，路德所指的標記是救恩的「保證」和「印記」，正因如此，聖餐就成為了「恩具」（*media salutis*）。因為主基督說：「……你們拿著吃，這是我的身體，……這是我立約的血，為多人流出來，使罪得赦」，那麼我們就相信「餅和酒」是基督的「身體和血」。基督在聖餐裏把自己給予我們，是可吃的。[6]雖然路德在這時期仍把「餅和酒」與「身體和血」分別開來，但是他所主張的「真實臨在」（*Res-Präsenz*）已很清楚的指出「餅和酒」與「身體和血」的緊密關係。

其實，路德在這時期的聖餐觀是完全建立在「赦罪的應許」（*promissio*）之上。簡單的說，聖餐之為恩具是基於基督立餐時所說帶有「應許赦罪」的話。這應許的話是「約」（*testamentum*），[7]是上帝所樂意履行的——赦罪，因此，「赦罪」就是應許的內容，[8]而聖餐中的餅和酒就是應許的標記。[9]換言之，緊隨著「應許的話」的，必然是上帝「履行的行動」，是祂親自的工作，就是赦罪的實現。

路德在強調基督「應許的話」（Words of Promise）的同時，沒有忽略人「接受的信心」（Receiving Faith）。在聖餐當中上帝以祂「應許的話」行動，[10] 而人相應的行動就是「相信這應許的話」。[11] 沒有應許的話，便無信心可言；沒有信心，應許也是徒然的。[12]「接受的信心」對路德而言，不單不是人的「功德」或出於人自己的一種能力，而且也不是我們在教會常常聽到的「對所信的事或對象的肯定」。因此，路德認為信心不是「藉理性得到肯定的接受」，意思是，這「接受的信心」並不取決於我們的理性是否清楚明白或能否解釋基督的「身體和血」如何成為聖餐中的「餅和酒」，而是服從於基督之下，把祂「應許的話」當作禮物來接受，換言之「信心就是接受禮物」。儘管禮物之能成為禮物，是因為它被接受，但是，起主導作用的是道與聖禮（Word and Sacrament），是上帝的恩典，而信心是依賴道和聖禮，這種主動與被動的關係是不能混亂的。這是路德在聖餐觀上對信心頗獨特的解釋。[13]

3. 第三階段：與慈運理（Zwingli）和狂熱派（Enthusiasts）的爭論　路德與慈運理和狂熱派的爭論焦點集中在「真實臨在」（*Res-Präsenz*）的問題上。雖然路德在一五二三年之前已經提出「真實臨在」的聖餐解釋，主張基督的身體和血，真的臨在於餅和酒裏面，可是，因為要針對羅馬天主教聖餐教義中「獻祭」和「善功」主張，他便強調恩典，把耶穌立聖餐的話解釋為「赦罪的應許」，而沒有著意把焦點放在「真實臨在」的解釋上。如今面對慈運理和狂熱派的「紀念說」和「靈食說」（Spiritual Eating），尤其是迦勒斯大（Karstadt）主張聖餐的施行不能激發信心，路德必須為他的「真實臨在說」提供支持理據。

路德認為太二十六 26～28 和可十四 22～24 記載主耶穌立聖餐所說的話已肯定了「真實臨在」的聖餐解釋。[14] 他在一五二三年的 *The Adoration of the Sacrament of the Holy Body of Christ* 中強烈的反對把「這是我的身體」解釋為「這表示（means）我的身體」，[15] 因為「這是我的身體」是主親口說的，我們不能用靈意或象徵解釋主立餐所說的話（Words of Institution），換言之，路德堅持按字面解釋「這『是（*est*)』我的身體」。路德這樣的解釋是要突顯以基督的「神性」和「人性」的聯合來駁斥「靈食說」。[16]

有關「紀念說」的論點，認為基督已經復活升天，坐在全能的父的右邊，祂不可能又在天上又臨在「餅和酒」當中，因此，「餅和酒」的飲用只能是「紀念」基督。對此路德在一五二六年的 *The Sacrament of the Body and Blood of Christ - Against the Fanatics* 提出「遍在說（Ubiquity)」解釋基督的臨在，意思是基督同時臨在天上和聖餐中。「上帝的右邊不是一個甚麼特別的地方，乃是上帝全能的臨在。」[17] 因為基督是無所不在的，[18] 祂在聖餐中的臨在是祂遍在的揭示，為要加強我們的信。因為在餅和酒當中，主的身體和血是不能見和隱藏的，我們不知道，也不應該知道，基督的身體如何在餅和酒當中。這臨在是不可見的，卻是可信的。但是，人在聖餐中接過來的餅和酒確實是基督的身體和血，人應該把它飲用。我們不是以眼見去接受，乃是用信心去接受。因為上帝的話我們應該相信，而不是要用理性為它定下甚麼標準，[19] 然後用靈意方式來辯解。

4. 第四階段：聖餐教義的確定　在聖餐問題上，路德面對羅馬天主教、慈運理和狂熱派，不論是堅持地辯解自己的立場或是忍讓地聽取對方的意見，經過差不多十年的時間都不能達到共識，仍然是各有各堅持自己的主張，也再沒有興趣在這些問題上繼續與對方斡旋。

從一五二八年開始，路德因應時勢和教會的需要，有系統地為教會整理信仰條文。他先後在一五二九和一五三七年出版了《小問答書》、《大問答書》和《施馬加登信條》。我們不難從這些作品中發現，他對聖餐的解說，不論是反對聖餐是「獻祭」[20]；或是反對神甫把聖餐杯從信徒中拿走；[21]與及堅持聖餐以主立餐時所說帶赦罪恩典的話為基礎，[22]並保證了基督的身體和血真實的臨在聖餐當中[23]，成為確定信心的工具（Means of Affirmation of Faith）等主張，都原本地再次出現。綜觀路德的聖餐觀發展到這個階段已經沒有甚麼決定性的新見解，只是把過去研究過的整合成信條。

三、路德聖餐觀之分析

1. 改教時期聖餐觀的異同　　「聖餐」在改教時期是一個很關鍵的課題，雖然爭論了十多年，各派的見解並非完全沒有共同點。我們知道，他們爭論的焦點並非集中在「聖餐是否具有上帝施恩的功能」這問題之上，因為當時的教會均承認聖餐是由基督所設立的，而領受餐中的餅和酒就是參與在基督榮耀的身體當中，可是「榮耀的身體」與「餅和酒」的關係卻成了爭論不休的問題。這些爭論也間接加速了更正派從羅馬天主教中分裂出來，因為「聖餐是聖徒聯合的具體表現」在當時來說是毋庸置疑的，而對聖餐的不同解釋和主張就直接影響到聖徒的聯合。

2. 三個重要概念　　在聖餐觀的爭論中，雖然路德面對不同對手時，會因應情況強調他自己對聖餐某一方面的解釋，[24] 可是他並不是完全摒棄教會傳統的聖餐觀，他仍然主張聖餐是可見的標記[25]和聖徒的聯合[26]，只是他在故有的傳統上更正錯誤和發掘新的認識。經過前面的介紹，現在我們可以用路德聖餐觀中的三個概念來綜合他在聖餐教義上的獨特見解。

a. 上帝的道

聖餐之成為聖餐，完全取決於上帝的道，因為聖禮的權威來自上帝的道。在聖餐當中，上帝的道就是耶穌設立聖餐時所講的説話，這話成為了聖餐的內容，給予聖餐意義，也使聖餐產生拯救果效。

b. 應許與信心

應許是出於主立餐所説的話，是主給我們赦罪的保證和確據，我們應該藉著信心領受這應許。因為是出於恩典，故聖餐與善功無關，更不是獻祭或功德。

c. 真實臨在

因為主基督説：「這是我的身體」，真實臨在就不單是基督的臨格（Person of Christ），而且是基督為世人被釘和復活的身體和血，真實的臨在可見的餅和酒裏，這臨在也成為真實可見的。這樣，在聖餐中所吃的餅和所飲的酒就不是一種「紀念」，也不能把它靈意化為「靈食」，乃真是吃主的身體，飲主的血。餅和酒也因為道和基督的臨在而成為恩具。

3. 對路德的批評　　爭論的高潮過去後，仍然有不少人對路德的聖餐觀提出批評，尤其是改革派神學家，繼慈運理之後的有加爾文。他依循慈運理的路線，接受基督復活後的身體位置化（localized）的主張。他認為升天後和再來之前的基督是肉身不在世，因此，聖餐中的餅和酒不可能是基督的身體和血。基督的肉身也沒有臨在這些物質裏面，祂的臨在只是一種屬靈的臨在（Spiritual Presence），而信徒所領受的只是生命的力量。[27] 當代的改革宗神學家巴特（Karl Barth）則從另一個角度反駁路德的真實臨在說，他同意餅和酒是基督身體和血的標記，卻反對餅和酒是基督的身體和血本身，因為他認為餅和酒作為標記，要指出那被標記者，就是基督的身體和血，所以餅和酒不可能同時是標記，又是那被標記的客體。[28] 甚至信義宗的路德專家亞特候斯（Paul Althaus）也質疑路德對聖餐中基督的身體和血的解釋。他認為路德混淆了受難的身體（Crucified Body）和榮耀的身體（Resurrected Body），指出路德所理解在餅和酒中臨在的，既是被釘死，又是被高舉的基督的身體和血。[29] 可是亞特候斯認為，我們不應該把那為我們捨棄被釘的基督身體，跟復活後的基督身體看作同一回事。

四、認識路德的聖餐觀之方法

雖然路德批評羅馬教會的「變質説」不合理性，也從理性的角度與慈運理派辯論，提出「遍在説」的聖餐解釋，可是當他不能用理性清楚地解答每一個問題時，如「基督的身體和血如何會是餅和酒？」他便放棄理性，提出以信心接受。因為我們的理性能力有限，無法解釋「如何會是這樣」，我們只能相信聖經所載耶穌立餐所説的話而「得知是這樣」。對此，要用理性分析方法批評或了解（knowledge by analysis）路德的聖餐觀，恐怕會得不著要領。

1. 藉參與認識（Knowledge by Participation）聖餐
如前所述，路德會因應對手和情勢的不同對聖餐提出一些新的解釋，可是他並不是因為要擊敗對手而不顧聖餐的真正意義。整個爭論過程除了幫助他在教義神學上弄清楚聖餐的問題之外，更重要的是，他沒有盲目的依賴理性，而是把聖餐的理解建立在信仰之上。聖餐是主所設立的，為要施予我們赦罪之恩，任何人想要這恩典和安慰，都應該催促自己前去領受。[30]對路德來說，我們必須藉「親自前去領受」這參與的行動才能真正了解聖餐，有如他不是透過教義的教導認識上帝，乃是藉著品嘗基督赦罪的救贖恩典。因此，假如我們從這個角度了解路德的聖餐觀，便不致提出一些打空氣的批評。

其實，綜觀路德聖餐觀的幾個發展階段，我們不難看到「參與」這概念早已成為路德解釋聖餐的關鍵。他很早就接受了聖餐是「聖徒的團契」（*communio sanctorum*）的解釋，[31]他相信，當信徒參與在聖餐的認罪和悔改當中，成為被拯救的一分子，他便能體會聖徒相通，在基督裏合而為一。當路德強調「相信應許的話」時，他所指的，明顯不是依賴理性的信心，而是參與在「應許與信心」的關係當中的行動，意思是，當人帶著信心參與聖餐，領受赦罪的恩典時，他便成為上帝的伙伴，那被拯救者。「基督的臨在」這主張更清楚的顯示出路德聖餐觀中「參與」這個概念的重要性，因為不單是我們，就是基督也參與這聖餐，是實實在在的肉體參與，而我們是藉著吃喝基督的身體和血與基督在聖餐中會面。

2. 從教義層面到教牧層面　我們可以說，路德是藉著參與體認聖餐的內容、意義和它與自己的關係，可是在他的教義作品中，我們沒有發現他曾系統地從「參與」這個角度討論聖餐，原因可能是，在面對辯論對手時，必須以銳不可當的思辯反駁對方，而寫作信條時，又要有理據支持。然而我們發現，儘管從「參與」角度討論聖餐教義未達成熟，有待進深的探討，可是，若我們從這角度牧養信徒，相信會有一定的幫助。簡單的說，當教會遵循主的吩咐施行聖餐時，教會是邀請信徒來參與領受，因為這聖餐是主基督為我們而設的，祂要與我們在聖餐中會面，而這會面要有相方的參與才成為可能。這會面是一個拯救事件，因為施行赦罪恩典和領受赦罪恩典的事要在聖餐中發生。主已經為我們預備好了一切，只要我們參與，事就成了。

五、總結

路德對聖餐的解釋不單對二十世紀充滿理性的人是一個困難，就是對改教時期的很多神學家也不容易，因為他把整個解釋完全建立在主基督立餐時所說的話之上，而主所說:「這是我的身體……」這話又難以用理性了解。路德在面對這困難時，不強逼自己用理性去推測，而是認定理性的極限，不要求明白，乃憑藉信心去接受上帝的話。或許，路德「藉參與認識聖餐」這方法有欠說服力，我們仍可對此提出質疑和批評，但我們必須清楚，這是路德認識聖餐的獨特方法。

「信」雖然不一定與理性相衝突，卻不以理性為依歸。「信」是臣服於上帝所說的話之下，以生命投入去。這種投入的參與或許能幫助我們認識一些難以透過理性去認識的東西，即如「聖餐」的奧祕。

註釋

1. 請參考和比較以下作品：S. Hausammann, "Realpräsenz in Luthers Abendmahlslehre"（路德聖餐觀中的「真實臨在」），in: *Studien zur Geschichte und Theologie der Reformation*（Neukirchen, 1969），頁158-159；H. Feld, *Das Verständnis des Abendmahls*（聖餐禮的理解）（Darmstadt, 1976），頁110-113；J. Staedtke, "Abendmahl" III/3（聖餐禮），in: *Theologische Realenzyklopädie*，頁110-113；H. Schwarz, *Divine Communication*，（Philadelphia: Fortress, 1985），頁117-120。

2. 路德在一五一八和一五一九年間主要以講道形式討論聖餐。參 B. Lohse, *Martin Luther - An Introduction to His Life and Work*，R.C. Schultz 譯（Philadelphia: Fortress, 1986）。

3. "For the food enters into and is assimilated by his very nature, and becomes one substance with the person who is fed." *The Blessed Sacrament of the Holy and True Body of Christ and the Brotherhoods*，1519。載於 *LW* 35 的頁 59。

4. 參同上，頁 56-57。

5.「我要將我研究這聖禮的舉行所得的進步告訴你。當我發行論聖餐一論文的時候，我還是墨守成規，毫不涉及教皇對不對的問題。但現在既受到挑戰和攻擊，甚至被推進決鬥場，我將放肆發表我的思想，讓一切羅馬教徒共同啼笑。」路德:〈教會被擄於巴比倫〉（*Von der babylonischen Gefangenschaft der Kirche*，1520），徐慶譽、湯清譯《路德選集》上，（香港: 基督教文藝出版社，1968年），頁250。

6. 參 *WA* 6,513,14-18; 517,34-38; *WA* 6, 373, 25-374。

7. 參 *WA* 6, 518,10；路德：〈教會被擄於巴比倫〉（*Von der babylonischen Gefangenschaft der Kirche*，1520），徐慶譽、湯清譯《路德選集》上，頁273。

8. 參 *WA* 6, 525, 22。

9. 參 *WA* 6, 518,10。

10. 對路德而言，上帝的話就是上帝的行動和作為，因為上帝説甚麼，就會成就甚麼。參 *WA* 2,112, 36-113, 3; *WA* 6, 355, 21-356, 34。

11. 參 *WA* 6, 517, 8。

12. 同上。

13. 參 *WA* 6, 514,12-17; 21-25; *WA* 6,360, 29-361, 21; 370, 16-34。

14. 參Althaus, *Theologie Martin Luthers* ,（Gerd Mohn: Gütersloher, 1963），頁 321。

15. "For if we permit such violence to be done in one passage, that without any basis in Scripture a person can say the word 'is' means the same as the word 'signifies', then it would be impossible to stop it in any other passage. The entire Scripture would be nullified, since there would be no good reason why such violence should be valid in one passage but not in all passages. In that case one could say: That Mary signifies a virgin and the mother of God. Likewise: Christ is God and man; That is, Christ signifies God and man." 載於 *LW* 36 的頁 280。參 *WA* 26, 446，頁 1 起。

16. 參 *LW* 36，頁 342。

17. *WA* 26, 318, 1.

18. 參 *LW* 36，頁 342。

19. 參 *WA* 23, 86, 22ff。

20. 參路德的〈施馬加登信條〉，載於 *Unser Glaube: Die Bekenntnisschriften der evangelisch-lutherischen Kirche*，第 373，379，383 條。

21. 參同上，第 380 條。

22. 參路德的《大問答書》，載於 *Unser Glaube: Die Bekenntnisschriften der evangelisch-lutherischen Kirche*，第 831 至 833，及 835 條。

23. 路德「真實臨在」說的主張除了是反駁慈運理和狂熱派的「紀念說」和「靈食說 spiritual eating」或「象徵說」之外，同時表示他放棄了直至一五一九年仍接受的「變質說」，這是路德聖餐教義的一個轉變。參路德的〈小問答書〉、〈大問答書〉和〈施馬加登信條〉，載於 *Unser Glaube: Die Bekenntnisschriften der evangelisch-lutherischen Kirche*，第 518、834 和 443 條。

24. 就如路德在一五二〇年發表的《教會被擄於巴比倫》裏已經提出「真實臨在」的主張，而不是面對慈運理和狂熱派時才發明這概念。參路德：〈教會被擄於巴比倫〉（*Von der babylonischen Gefangenschaft der Kirche*, 1520），徐慶譽、湯清譯《路德選集》上，頁 259。

25. 參路德的〈大問答書〉，載於 *Unser Glaube: Die Bekenntnisschriften der evangelisch-lutherischen Kirche*，第 794 條。

26. 參路德的〈施馬加登信條〉，載於 *Unser Glaube: Die Bekenntnisschriften der evangelisch-lutherischen Kirche*，第 380 條。

27. 參 Calvin, *Consensus Tigurinus*，1549，及 Joest, *Dogmatik* II，頁 579。

28. 參巴特 K. Barth, "Ansatz und Absicht in Luthers Abendmahlslehre", 1923, in: *Die Theologie und die Kirche, Gesammelte Vortrage*，Bd. 2. München: Chr. Kaiser, 1928. 頁 58-60。

29. 參 Althaus, *Theologie Martin Luthers*，頁 337。

30. 參路德的〈大問答書〉，載於 *Unser Glaube: Die Bekenntnisschriften der evangelisch-lutherischen Kirche*，第 849 條。

31. 參同上，第 745 至 747 條。

引用文章簡寫：

LW=*Luthers Works.* American Edition.

WA=*Luthers Werke. Kritische Gesamtausgabe*（Schriften）.

路德論聖洗

方文傑

一、引言

教會在每年的節期（如聖誕節、復活節等）中，都有洗禮。受洗者都成為了洗禮的中心。受洗者悉心的打扮、親友在洗禮中不停的閃燈拍照及崇拜後的送花，都叫人雀躍起來。作為牧者，我對人重視洗禮的那一刻而感到高興，更期望那些受過洗的弟兄姊妹，一生都能活出其中的意義。（好像我期望那些走過教堂紅地毯結婚的信徒，一生能活出婚禮所表達出的意義來[1]。）但多少人能一生活出那隆而重之的洗禮意義？並能從客觀的禮儀進入主觀的關係？這方面的反省，對我們信義宗的教會來說，尤其重要。因為我們常常被指藉洗禮發放「廉價恩典」——只宣告上帝的恩典是白白的，卻沒有要求領受的人有相稱的回應。然而，這等問題不是改教者馬丁路德之原意。相反地，他正是就當時的羅馬教會誤用聖禮，破壞了正確的人神關係而提出更正。以下的論述，就是要從路德的文獻中，來探討他對洗禮的主張和帶給我們的反省。

二、歷史背景

要深入明白路德對聖洗的論點，必先要了解其處身中世紀的信仰觀念及其對路德個人靈性上所產生之衝擊。路德所處身的中世紀教會，是把福音從人神關係中推翻了。人看「上帝與人的關係就好比法庭中犯法的與執法的兩者之中的關係。被控有罪的人必須在審訊他的上帝面前顯出若干善功，才能站得住。這樣，上帝與人的關係這一個中心觀念就大變了。律法代替了恩典……懼怕成了宗教的推動力。」[2] 叫人遠離上帝，無法像小孩子到父親面前一般的親近祂。[3] 雖然，當代教會也講人靠上帝恩典得救的道理，但所講的恩典是人藉聖禮賦與的法術能力或人透過其他敬虔方式[4] 而得到的，最終目的是使人得恩，能行出所需的善功，取悅那像審判官般嚴厲的上帝。因此，教會所施行的聖禮成了人神間的阻隔，叫人不是藉「因信稱義」之法與上帝往來，乃是靠「善功稱義」之法。[5]

在這種觀念之下，路德雖然不斷在苦修中尋求稱義的平安，卻無法得救。最後，他在一五一三年間研究聖經時，受感於羅馬書一章 17 節：「義人必因信得生。」重新發現過去數百年被隱藏救贖的福音——「人被拯救不是依仗自己的善功，乃全是上帝的恩典。」人只當「悔改，信靠上帝藉基督所彰顯的愛，轉向祂如同轉向一位恩慈的父親——帶著他的罪過用像小孩子所有的信用日日親近祂，求祂的赦免，上帝便赦免他一切的罪，並因基督的緣故認（或稱）他為義。」[6] 從這個發現，路德尋回天上的慈父，也重建那源於聖經，又基於恩典與信心的人神關係。「信不再是功德的行為，乃是全然依靠上帝在基督裏的愛，再沒有別的。」[7]本於這個福音的基礎，路德重新詮釋聖洗之本質和意義。就是後來受狂熱派的攻擊，[8]他也能貫徹他的主張。以下的討論是圍繞路德的四本著作而進行——（1）《論聖洗禮》（*Treatie on Baptism*, 1519）；（2）《教會被擄於巴比倫》（*Babylonian Captivity of the Church*, 1520）；（3）《路德小問答》（*Luther's Small Catechism*, 1529）；（4）《路德大問答》（*Luther's Large Catechism*, 1529）。

三、 聖洗的本質與意義

在尋求稱義的掙扎中，路德深深體會人無法靠自己成義。人需要的單是上帝的拯救。他認為聖禮是上帝拯救的工具，是祂直接工作的表記。即如聖洗，它雖然是由觀念不正確[9]的人施行，但能保存上帝所賜的效力，因為任何奉主名的洗禮，最終都是上帝直接的工作。路德在《教會被擄於巴比倫》（1520）中清楚的說明這一點：「（論到）人施洗與沒有施洗：他施洗，因為他執行那工作，將受洗者浸入水中；他沒有施洗，因為在這動作中，他不是執行他自己的權柄，而是上帝的權柄。因此，我們應當看在接受人的洗禮時是基督自己，而且是上帝自己用祂自己的手洗我們……。看那施行者為上帝手中的工具，是坐在天上的主用他的手把你浸入水中，也是藉著祂僕人的口，用人的聲音向你說出赦免你的罪。」[10]這種主張，一方面清除了過分強調施洗者在洗禮中的地位（現在他不再是使洗禮產生效力的關鍵人物，而是上帝的工具而矣）。另一方面，他的主張也叫人不再認為洗禮帶來使人行出善功的能力，而是讓人接觸一位與人同在道成肉身的基督耶穌。然而，路德的意思不是要改變聖禮實施的外在形式，乃是要更新人對聖洗客觀的認識，讓上帝設立的聖洗恢復原有的意義，激發起人對上帝主觀的信靠。有關洗禮的意義，路德主張從三方面來認識：（1）表記、（2）意義及（3）信心。[11]

1. 表記（Sign） 路德在探討聖洗禮意義的《論聖洗禮》（1519）中，清楚表明「洗禮是一個外表的標誌或口令，使我們有別於一切未受洗的人。由於這個標誌，人家就認出我們是基督的子民，要在這位將軍的旗幟（即聖十字架）下，經常與罪惡爭戰。」[12] 明顯地，路德對洗禮的定義是有別於羅馬教會把聖洗禮看為是帶有超然能力，使人能行善功，取悅審判的上帝的善功。他認為：（a）洗禮是個標誌，叫人從世界分別出來，不是在法術般的情況下勝過罪惡，而是經常處身爭戰的狀況中。（b）受洗者不是在與上帝對立的情況下攻克己身，而是在基督的旗幟下跟祂一同與罪惡爭戰。路德這個定義將受洗者的焦點從超現實轉到實存的處境，從自救轉到跟隨基督的方向，以及從安於現況轉到信仰的掙扎。

路德在《教會被擄於巴比倫》（1520）中，攻擊羅馬教會在聖禮上的錯謬，主要是針對聖餐方面的主張。對於聖洗禮，路德卻說它在羅馬教會中仍未被損害及敗壞，因為它主要仍是在孩童身上施行。[13] 路德在文獻上，除了重述先前在《論聖洗禮》講章中的論點外，也推翻聖洗禮作為一個帶著能力的表記，使受洗者再沒有犯罪的意圖，[14] 因為不是洗禮或表記本身叫人稱義或使人得益，一切都是基於人對上帝在洗禮中的應許之信心。[15] 他認為主張洗禮中有能力叫人應效稱義（a power efficacious for justification）或看聖洗禮為有效的恩典表記（a effective sign of grace）都會損害信心及出於對上帝應許的無知。[16] 人當看聖洗中的應許多於記號的本身。明顯地，路德嘗試將人的眼光從洗禮本身轉至那藉著應許彰顯自己的上帝身上。[17]

及至後期，當狂熱派——包括慈運理（Zwingli）及重洗派（Anabaptists）[18] 出現於改革運動舞台上之後，[19] 他們主張洗禮不是個上帝施恩的工具，而出於上帝的命令，所以洗禮只是「表明受洗者順服了上帝的命令並顯明他的信心」。[20] 路德在其《小問答》（*Small Catechism*, 1529）重申聖洗禮「不僅是水，更是按上帝命令而又與上帝的道連結的水」。[21] 雖然在《教會被擄於巴比倫》中，路德為針對羅馬教會而突出聖洗中的信心與上帝之道多於外在的表記，在問答書中，他又極力維護外在表記的價值，不僅在於按上帝命令的物質和動作，更是有上帝的道在其中。正如《小問答》的第三點清楚指出：「……我們的信心，它是有賴於那與水結連的上帝之道。」[22] 這道與水結合，是上帝與人同在的方式，是要人藉著信心來接受。這是基於先前所說「道成肉身」的信仰。

2. 聖洗的意義（significance） 假若聖洗禮是有上帝的道同在的表記，召喚人進入一種對上帝信靠的關係中，那其最終目的何在？那又是怎樣發生的？從一五一九年的《論聖洗禮》中，路德已揚棄羅馬教會看聖洗意義在於取悅憤怒的上帝這主張。他從保羅的教導中，重建聖洗的意義：「洗禮的意義在於向罪死了及在上帝恩典中復活過來的這種福氣。」[23] 路德在這裏較強調向罪死這一方面：「洗禮表示罪惡的死亡或溺斃」、「誰領了洗，就被判死刑」、[24]「……罪惡也在洗禮中淹死了」[25] 等表達重覆出現。而且路德再三強調聖洗的意義是從洗禮的一刻開始，直到肉身死亡才完成的。正如他說：「……洗禮在屬靈方面所表示的事，即罪惡的溺斃，卻在我們有生之日還未完全，要一直到死亡的時候方告結束。」[26] 面對「洗禮不能完完全全清除罪惡（或罪性）」的事實，路德主張洗禮真正的意義在於「上帝要藉此與你結盟，要在仁慈而慰人的約下與你成為一體」，[27] 祂會使用人的渴慕與同死的心，用恩典和聖靈傾注人身上，殺死本性及罪；此外，「藉著洗禮，我們受到恩典的審判，使我們不致因罪受責，反而可以藉著諸般的鍛練把罪驅散。」[28] 故此，路德看洗禮的意義並非發生在理念和抽象的層面中，而是在人一生的鍛練中，在與上帝的結盟中與「老我」爭鬥，直等到肉身死亡的時候。[29]

路德在《教會被擄於巴比倫》中不單看洗禮為人在上帝裏死亡與復活的縮影，更視它是人在「死亡」與「復活」之掙扎中的幫助，叫人藉著記念它能坦然面對軟弱的良心。正如路德說：「對於一個悔罪的人來說，記念他的聖洗禮絕非小事，它能提醒他已忘記了上帝聖的應許、在主前承認這應許、又因他已領洗而仍在救恩的城堡中而歡欣、並厭惡他在遠離洗禮的信心及真道中可惡的忘恩。當他思想上帝賜給他的應許時，他的心會尋找到奇妙的安慰及會受激勵而盼望憐恤；那應許不可能欺騙我們，它仍是不會破滅及改變；事實上，正如保羅所說，它是不會被罪改變的（提後二 13）……藉著這記念，讓我們轉向祂；祂帶領我們經過重生之洗（多三 5）……」[30] 路德又說，一個領洗後而放棄信仰的人並沒有破壞他起初所領受的洗禮，他只是像一個人從所乘的船上掉進海裏而矣，他所乘的船並沒有因此受破壞，仍是依舊完整。同樣，洗禮沒有因人的揚棄而受任何虧損，仍可讓人回去尋找拯救[31]，尋回那永不改變的主，祂藉著洗禮將自己賜給人。所以路德看洗禮亦是上帝賜給人在與罪惡的爭鬥中的幫助。

在《小問答》中，路德仍是強調那「老亞當」、一切罪惡及邪情私欲當藉天天的懊悔及悔改被溺死，以致復活及成聖似乎是必然的結果。[32]《大問答》中，路德只重申在《教會被擄於巴比倫》中論到「洗禮僅是殺死老亞當及復生新人」的主張，以及強調「基督徒的生命就是天天的領洗（daily baptism）」。[33]所以，聖洗的意義在於其為基督徒生命的中心。這意味著，「路德不是（要藉洗禮）表達一些在過去已經一次發生了的事情，而是一些必須不斷發生的事情」，洗禮的意義是在於一生不斷的體現。[34]換句話説，就是天天與主同工，治死「老我」，活出新的生命。

3. 聖洗與信心（faith） 假若聖洗具上述那麼重大的意義，那基督徒不能活出這等意義的原因在哪裏呢？相信路德定然會説是因為信心的問題。正如路德在《論聖洗禮》中總結説：「所以結論是：洗禮的功效，即赦免和殺害罪，容或要因罪受到妨礙，不過若不是我們不相信，這種功效是不會消失的。反之，信卻能使這種攔阻又再消失。因此，一切的事都完全在乎信。」[35]對路德而言，信心沒有創造了上帝的恩典，而是抓著已經存在於洗禮的應許——更準確地説，就是那藉應許臨在的道成肉身的上帝。正如約瑟夫森所説：「……在聖洗中信心的對象自然就是上帝自己，因為祂是聖體中的主體，是祂親臨其境。因此，在聖洗中的信心所包括的不只相信聖洗是上帝設立的，又不只相信聖洗使罪得赦免，脫離死亡和魔鬼，且得永遠的福樂，也包括上帝在聖洗中臨在，上帝不能與祂的恩賜分開，乃要親自藉聖洗把救恩分給有信心的人……上帝與信心是並行的。」[36] 按路德論道成肉身的解釋：上帝這樣臨在是因為有罪的人不能直接面對上帝裸露的神性，否則必遭滅亡，故需要中保。基督道成肉身也是基於此理，[37]「有信心的人才可明白道成肉身的意思。」[38] 信心也就是認識並接納上帝藉著聖道和聖禮與人同在。不單如此，信心也是信賴祂所設立之聖洗帶來的赦罪，來對抗洗禮遺留下來的罪及良心的畏懼。[39]

由始至終，路德不單強調聖洗的客觀恩典，也視受洗者主觀的信心是絕對需要的。他對主觀信心的強調甚至超越了客觀表記的地位。在針對羅馬教會的錯謬時，他說信心沒有聖洗（或客觀的表記）也能使人得救。正如他在《教會被擄於巴比倫》中解釋馬可福音十六章16節說：信心在聖洗中是必要的，甚至沒有聖洗（或客觀的表記）也能保存一個人直至永生。[40] 然而，他不是說人的得救是靠賴他自己的信心，乃是說聖洗之所以使人得救乃是因為上帝的道或上帝的應許——或說是信心的對象——在其中。換句話說，不是人的信心產生了救贖，只是領受上帝拯救的途徑。[41] 信心也就好像是小孩子一雙接過父母親禮物的手。

在《小問答》中，路德沒有像先前突出主觀的信心，只是再三強調客觀的表記和主觀信心的對象——上帝的道的重要性。在《大問答》中，路德進一步解釋箇中原因：「我們的『通天曉』或是新的幽靈（指慈運理派或重洗派）確定只有信心能救人，並確定外在的事物對拯救的事毫無貢獻。我們回答：不錯，在我們裏面，除了信心沒有甚麼使我們得救。

但這些瞎子的領袖不願認識信心必須有信靠的對象——就是信心所依附或立足之事物。故此，信心依附著水，並相信這是純粹具備救恩和生命的洗禮……」[42] 路德並非貶抑信心的重要性，而是強調信心必須有客觀（或外在）而正確的基礎，才有價值。而且，信心也是藉著這等客觀的應許而產生的。如路德所教導：「不錯，它（信心對象）必須是外在的，以致它能夠被感官所看見及抓著，而最終進入心中，正如整個福音都是一個外在及口傳的宣講。」[43] 有了正確的對象，信心就確立了它不可少的地位。因為「沒有信心，洗禮雖有無限和神聖的寶貝在其中，也沒有甚麼用處（或功效）……因為可以肯定的是無論甚麼，只要不是信心，就不能對拯救有絲毫的幫助，也不能得著甚麼。」[44]

這樣，接受那些不能被肯定為具信心的嬰孩受洗的主張，豈不是與路德這方面的教導互相矛盾？從信心與信心對象之關係的角度來看，嬰孩洗禮與信心的要求沒有任何衝突。[45] 雖然，路德在《大問答》中引用歷史事實指出反對嬰孩受洗的狂熱派沒有足夠證據支持他們認為嬰孩不可能有信心的主張，因為假若嬰孩不可能有信心，那麼曾受嬰孩洗禮的教父先賢，就不可能具有上帝所賜下的聖靈和恩賜來保存歷代教會。再者，他也在別的文獻中，引用施洗約翰在母腹中跳動的例子來表明嬰孩是可以具備信心的。[46] 然而，他在《大問答》中仍然持守先前所主張信心的對象是先於信心的道理。他說：「洗禮是水和其包含上帝的道。意思就是說，當道與水相在，洗禮就有效了。就是沒有信心也無妨。」[47] 因為底線是：既然聖經並不反對嬰孩有信心之事，那麼順從呼召人來受洗的上帝，為嬰孩施洗就是合宜的。因為受洗者的信心也是從上帝而來的。[48] 人把嬰孩帶到上帝面前也是盼望得著這份信心。因此，從洗禮中的信心是不能脱離其對象——上帝的道而存在的角度，嬰孩受洗所面對的矛盾就迎刃而解了。

四、反省

從路德論洗禮的主張中，有相當多的課題值得現代教會深入反省，但有一點是對教會（特別對較「靜態」的信義宗教會）的牧養尤為重要的。這就是路德所關注在洗禮中受洗者「主觀」信心的問題。路德在與羅馬教會及狂熱派的爭論中，他在福音的光照下力圖恢復及持守聖洗原有的意義和設立者慈愛之形象，並且冀望聖洗成為人神關係正常化的橋樑，而不是叫人偏離上帝的絆腳石。由始至終，他堅持客觀的信心對象和主觀的信心是同等重要的。但很可惜，在信義宗教會歷史裏，這兩者密切互動的關係被輕忽了，以致前者往往被視為是藉著洗禮得恩典的保證，而後者卻被視為是洗禮中的認信而已，而不是像路德主張叫人進入人神密切的關係，與主上帝及為主上帝與罪惡爭戰，出死入生直到肉體的死亡。

在以信義宗信仰為國教及奉行嬰孩洗禮的國家中，主觀的信心是普遍被忽視的，信徒在嬰孩期領洗後到成年，多是被教導有關洗禮（或整個信仰）中的客觀對象和其救贖的事實，其中涉及的觀念可能與路德當時的羅馬教會的思想相同，認為洗禮會自動地或法術般帶來受洗者能力改變現況。更不幸的，可能是認為受洗就是要領受客觀的救贖保證而已，受了洗就是得了進天堂的入境證。近世紀的兩位信義宗先賢，丹麥的祈克果及德國的潘霍華都在這方面作了反省及回應。祈克果認為確立了信心對象的真實性（genuineness of the object of faith）並不會理所當然地帶來與上帝有正確關係（a correct God-relationship），他認為形成與上帝的關係是受洗者起初的決定和他主觀的掌握實踐間之張力。[49] 在對客觀對象作出主觀回應要求這一點上，潘霍華也有相同看法。在其《追隨基督》的緒論中，他一開始便明確指出認信教會應走之方向：「……在教會爭論之一切口號與標語之後，也必定會對這一切的惟一對象——耶穌基督——作更堅決的追求。耶穌想要對我們說甚麼呢？今天祂對我們的旨意是甚麼呢？在現代的世界中，祂如何幫助我們作一個好基督徒呢？到了最後關頭，我們所要知道的，不是這人或那人，這個教會或那個教會所希望我們知道的，乃是耶穌基督所要我們知道的。」[50]

從這點思想下去，今日的更正教會在教導與施行聖洗時，是否仍能保存改教者路德對洗禮中的客觀信仰及主觀信心所持平衡及具動力的看法？是否仍能表現出整體洗禮的「聖禮性」（sacramentality）——以看得見的施洗者及禮儀來表達其中看不見的慈愛上帝，以致能激發人主觀的信心？又教會在洗禮後的牧養中，如何能幫助受洗者恆常經歷親密之人神關係？及天天活出與主同死同活之洗禮意義，在世界作主耶穌的門徒？此外，嬰孩洗禮及成人洗禮客觀的本質是一樣的，但在針對主觀信心發展之跟進應否有所分別？假若是需要的話，是否單在上短短之堅信課程施行教導？再思路德對聖洗的觀念能叫教會客觀地認定她的頭，主觀地作祂的門徒，聽從祂的話，並藉客觀的聖道和聖禮，以主觀的道成肉身的態度，為祂和與祂在地上拯救失喪的，叫人進入祂的國度裏，成為祂親愛的門徒。

註釋：

1. 所以，我每次為新人綵排婚禮時，都不厭其詳解釋整個婚禮的意義及每一項程序所代表的意義。此外，我們堂會都會為新婚肢體送上用相架精裝的婚盟，就是他們在婚禮中所念過的婚盟，叫他們常常記起這婚約，並活在其中。

2. 何禮魁，《馬丁路德傳》（香港：道聲，1983），頁 11。

3. 同上，頁 15。

4. 同上，頁 16。例如敬拜各中保（即馬利亞、聖徒、教皇、聖職人員）及聖物、購買贖罪券、舉行七種聖禮（當然其一是聖洗）、等都成了神人間的障礙。

5. 同上，頁 9-10。

6. 同上，頁 33。

7. 同上，頁 34。

8. 就聖禮而言，路德面對兩組狂熱派的攻擊：（1）撒克遜激進派（Saxon Radicals）——他們教導聖餐是記念基督的死亡和救贖，而不可能具有像路德所主張之基督真實的臨在；（2）改革派（Reformed Churches）——他們教導洗禮沒有實質恩典，只是人信心的見證。有關狂熱派的文獻，可參考 Roland H. Bainton, *The Age of Reformation*（Princeton： D. Van Nostrand Co., Inc, 1956）, pp.113~130。

9. 參考註 5。

10. Hugh Thomson Kerr, *A Compend of Luther's Theology*（Philadelphia：Westminster Press, 1943）, pp.166-167. 此外，約瑟夫森在他《路德的聖洗觀》（香港：道聲，一九七八），（頁 19）也論到路德以上帝在聖洗中真實臨在正如他主張上帝在聖餐中真實臨在一樣，都是彰顯上帝（或基督）的權能。對反駁改革宗神學家主張基督坐在上帝的右邊，不可能在聖餐臨在的說法，路德清楚申明：「基督的被高舉，表明他同有上帝的權能，所以他願意在甚麼地方就能在甚麼地方。」（頁 19）這個思想跟路德對創造的看法是一致的。他認為「在創造中有上帝的臨在；創造是上帝的蔽面具。」（頁 20）Althaus 認為路德對基督真實臨在聖餐中的看法是基於他的歷史神學有關：「對路德而言，上帝的靈沒有以其他方式面對人，但卻在歷史的完全具體性、外在性及形體性中面對人。」這一點與路德的基督論是相符：「離開了基督那就沒有上帝」。所以神既是無所不在，那基督也是一樣。〔Paul Althaus, *Theology of Luther*（Philadelphia： Fortress Press, 1966）, pp.397-398.〕

11. 在早期探討聖洗禮之論文《論聖洗禮》中，路德首先討論聖洗的三方面，就是表記、意義和信心。〔參考：馬丁路德，〈論聖洗禮〉，《九十五條—改教初期文獻六篇》(香港：道聲，1973，頁53。)〕在針對羅馬教會在聖禮的錯謬之《教會被擄於巴比倫》中，路德論到聖洗時又提出有關的三方面—(1)上帝的應許與信心、(2)表記或聖禮、(3)聖禮的意義。〔參 Martin Luther, "Babylonian Captivity of the Church," *Three Treatises*(Philadelphia: Fortress Press, 1982), pp.178~206.〕此外，在狂熱派出現後，他在自己的《小問答》和《大問答》中，也是環繞著這三方面教導牧者及信徒。〔參考：Martin Luther, "Small Catechism of Dr. Martin Luther for Ordinary Pastors and Preachers," & "The Large Catechism of Martin Luther," *The Book of Concord — The Confessions of the Evangelical Lutheran Church* , trans. & ed. Theodore G. Tappert & other(Philadelphia: Fortress Press), pp.348, 349, 436-442.〕

12. 馬丁路德，"論聖洗禮"，同上，頁53。

13. Martin Luther, "Babylonian Captivity of the Church," 同上，p.178.

14. 同上，頁187。

15. 同上，頁188。

16. 同上，頁189。

17. Lief Grane, "Luther, Baptism and Christian Formation," *Encounter With Luther* , 2(1982), p.195. Lief 說得好，路德反對當代羅馬教會所主張的施行效應說(*ex opere operato*)，不是從二元論的角度，而是從信心與善功的角度去分辨(justice of faith vs justice of work)。

18. Mark D. Tranvik, "A Water Gracious, Heavenly and Divine: Baptism in the Lutheran Reformation," *Currents in Theology and Mission* , 19/4(1992) p.250. 路德稱那些主張天上與世界間存著極大鴻溝，並且主張其中只有屬靈事物存在者為狂熱派(Schwurmer)。約瑟夫森在他《路德的聖洗觀》中，把重洗派從狂熱派中分出來。〔參考：約瑟夫森，頁47。〕但在這文章，狂熱派包括重洗派及其他持有 Tranvik 所提及之主張的人士。

19. 約在一五二〇年代初期。〔參考：Roland H. Bainton〕

20. 約瑟夫森，頁46。

21. Martin Luther, "Small Catechism of Dr. Martin Luther for Ordinary Pastors and Preachers," p.348.

22. 同上，頁349。

23. 馬丁路德，《論聖洗禮》，頁54。路德引用的經文有提多書三章3,5節。雖然，聖洗有洗除罪孽的含義，但路德在《教會被擄於巴比倫》中認為這個表達方式太溫和，不能完全表達聖洗的意義，他認為洗禮是「死亡與復活」的表徵（symbol）。〔參考：Martin Luther, "Babylonian Captivity of the Church," p.191.〕

24. 同上，頁 54。

25. 同上，頁 55。

26. 同上，頁 54。

27. 同上，頁 56。

28. 同上，頁 57。

29. 有學者認為路德與保羅在這一點上有分別。保羅看死亡與復活已經在洗禮中發生了（比較：西二 12 後；三 5；三 3）。路德卻看死亡與復活不是已經發生了，而是不斷在發生。換句話説，這是要將聖洗的意義一生體現出來〔參考：Paul Althaus, p.357〕。

30. Martin Luther, "Babylonian Captivity of the Church," p.181.

31. 同上，頁 183。路德引用彼得後書一章 9 節來支持他的主張：「人若沒有這幾樣，就是眼瞎，只看見近處的，忘了他舊日的罪已經得了潔淨。」

32. Martin Luther, "Small Catechism of Dr. Martin Luther for Ordinary Pastors and Preachers," 同上, p.349.對路德而言，死亡與復活是相反，但又是同時發生〔參 Martin Luther, "Babylonian Captivity of the Church," p.191.〕。

33. Martin Luther, "The Large Catechism of Martin Luther," p.445.

34. Paul Althaus, p.357.

35. 馬丁路德，《論聖洗禮》，頁 60。

36. 約瑟夫森，頁 80 及 81。

37. Jared Wicks, *Luther and his Spiritual Legacy*（Wilmington, DL： Michael Glazier 1983）, p.122.

38. 約瑟夫森，同上，頁 85。然而，沒有信心的人去領受聖禮的時候，基督一樣臨在，那受禮的人也領受了基督，只是他沒有接受而矣。而且上帝的臨在成了那人的審判。所以信與不信並沒有牽制上帝的臨在〔參頁 88 後〕。

39. 馬丁路德，《論聖洗禮》，頁 58。

40. Paul Althaus, p.349.

41. 同上。路德説：「對拯救來説，上帝的工作是有益及必須的，它們並不排除信心，乃是要求信心。因為沒有信心它們便不能並掌握。」

42. Martin Luther, "The Large Catechism of Martin Luther," p.440.

43. 同上。

44. 同上，頁 440 及 441。

45. 路德在另一本著作《二牧童洗記》也清楚表明嬰孩受洗的立場。這書的立場見約瑟夫森，頁 99-108。

46. Paul Althaus, p.368.

47. Martin Luther, "The Large Catechism of Martin Luther", p.443.（路一39~45）然而，路德拒絕解釋嬰孩怎樣（how）可以相信，他把這事交託在上帝的手中。

48. 約瑟夫森，頁 108。

49. David Law, "Kierkegaard on Baptism," *Theology*, 91（Mar. 1988）, p.115. 祈克果激進的言論是針對當代信義宗教會過分將信仰客觀化。但他的言論似是矯枉過正，他認為人神關係的建立是取決於主觀的信心。客觀的認知只是信仰客觀化的過程，但並不會帶主觀的信心。過分強調前者，甚至會使洗禮中各項原素——包括起初的決定、主觀的掌握及決定的實現消失。這等觀念失去客觀性與主觀性應有平衡的關係。David Law 對祈克果的主張有進一步的回應（pp.120&121）。

50. 潘霍華，《追隨基督》（香港：道聲，1980），頁 27。

路德論政教

鄧紹光

一、引言

路德的兩個國度的教義（Doctrine of Two Kingdoms, *Zwei-Reiche- and -Zwei-Reginet-Lehre*）十分複雜，卻是他成熟的政治和社會思想的關鍵觀念。大體來說，路德此一兩個國度的教義，成於一五二二至一五二三年間，以〈世俗權柄：順服至何等程度〉一文為起點，此後雖有改動，但都只是語言名詞，而非意念思想。[1]路德的政治思想並非憑空臆造，若沒有一五一七至一五二〇年間的神學革命，斷斷不可能出現兩個國度的教義。[2]兩個國度的教義，一方面根源自他的神學思想，另一方面也貫穿了他的政治論述：政府、教會與國家、基督徒在社會中的角色，成為一十分重要的政治神學的核心概念，能夠弄清楚其含義，即能幫助我們確定其對政教關係的了解。然而，過去歷史上的實踐表明了對兩個國度的教義的了解並非一致的，甚至出現了互相矛盾的解釋、援用，例如在東西德統一之前，西德某些信義宗信徒以此教義為由支持保守的政治勢力，而東德的信徒則以同樣的教義來合理化他們居住在共產主義的國家之中；又如二次世界大戰時，既有據此而反對第三帝國採取中立態度，也有從中獲取理據反抗納粹暴政。[3]這種現象基本上反映了路德兩個國度觀的弱點，下面將會進一步指出。

二、兩個國度的三種含義[4]

Cargill Thompson 的研究指出，路德的兩個國度教義包含了三組元素，這三組元素雖然互相分別，但又關係緊密，不能分割開來了解。第一組是兩個領域（two realms, *Zwei-Reiche*）或秩序，一個是靈性的領域（spiritual realm, *des geistliche Reich*），另一個是時間或世俗的領域（temporal realm, *des weltliche Reicht*）。這兩個領域都是上帝為人類的存在而設定的，分別對應人類的兩種本性：靈性的和肉身的。要注意的是，這兩個領域是平行的而非對立的，分別表明人的兩種關係，與上帝的跟與人的。前者是救恩的領域或秩序，後者為自然的領域或秩序，都是人活出其本性的領域。

第二個組別是兩個政府（two governments of the world, *die Zwei-Regimente*）。上帝在地上/世界為人類設立了兩個不同形式的政府，一個是靈性政府（spiritual government, *des geistlische Regiment*），以「道」管治，另一個是時間政府（temporal government, *des weltliche Reginment*），以「劍」管理。明顯地，這兩個政府是對應第一個組別的兩個領域，也是平行而非對立的。第一個組別是從人性論的角度來講，第二個組別是從上帝的角度來著眼，透過兩種不同形式的政府來實現第一個組別的兩重關係。

在兩個組別之外，尚有第三個組別，這就是上帝的國度（Kingdom of God, *Reich Gottes, Reich Christi*）和撒旦的國度（Kingdom of the Devil, *Teufel Reich, Reich der des Welt*）。這兩個國度跟第一和第二組截然不同，雖然路德很多時會以「國度」來講述領域/秩序和政府，因而帶來不必要的混淆和混亂，可是，在本質上，這兩個互相對立的國度並不就是兩個領域或兩個政府，是不能互相等同的。然而，這兩個互相對立的國度卻又跟這兩個領域和兩個政府關係緊密，同為兩個互相對立的國度的爭戰是以兩個領域和兩個政府為戰場的。一方面，上帝以之為武器對抗邪惡的勢力，另一方面，撒旦則不斷以各種方式擄掠人心歸於邪惡國度之下。

在此可以稍作總結，在路德的兩個國度的教義中，包含了兩對二元論在內，互相交錯。第一對是上述所指的第一組別和第二組別，都是上帝所設定的，並且上帝透過這兩個組別工作。在本質上，這一對二元論不純是對應人性的兩面，並且是具體表明上帝在地上的活動，上帝與人的兩種關係，一為直接的，另一為間接的。因此，這一二元並非互相對立的，而是彼此平行、互相補足的。相反，另一對二元論卻是上帝與魔鬼之間的衝突，沒有任何妥協，彼此之間的爭戰就構成了人類歷史的方向。莫特曼在討論路德兩個國度教義的文章以一圖表（見下頁）總結了這兩對二元論之間的關係。[5]

三、兩個政府的關係：互相分別、彼此限制

在神學根源上，路德的稱義神學（Theology of Justification）決定了兩個政府的關係，乃必然的分割，人在自然秩序中所作的一切均不能有助其在靈性秩序中的生命；[6] 然而，即使是基督徒，卻又只是「同時為義人，同時為罪人」（*simul justus, simul peccator*），他們在地上生活仍需要法

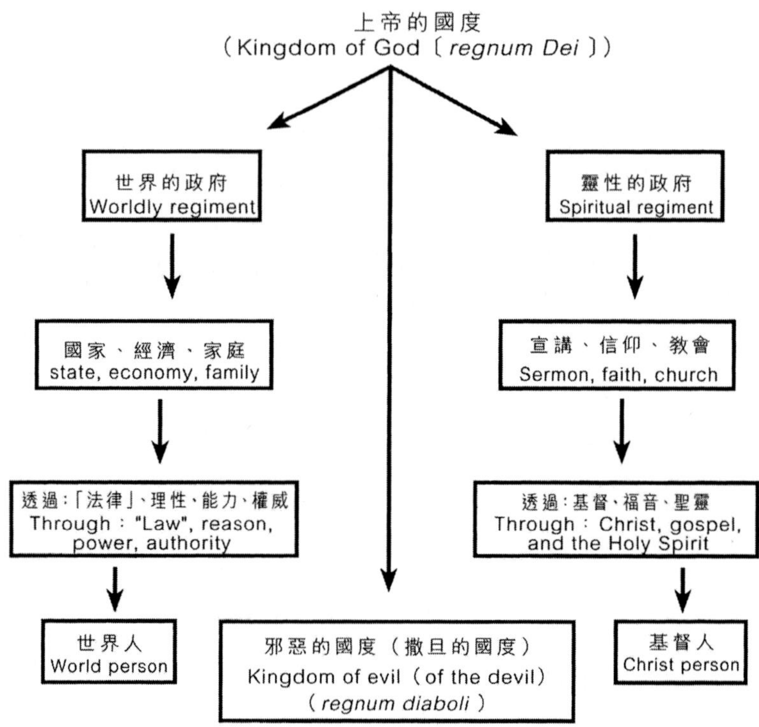

律來約束，抑制罪性，[7]更何況是非基督徒。因此，上帝設立兩個政府、兩重秩序乃是必要的，一個是拯救的，另一個是創造的；一個是內在內心的義，另一個是外在行動的義；一個是內在永恆的平安，另一個是外在的平安；一個是非強制性的，另一個是強制性的。路德認為這是上帝管治這個世界的方式，其實是管治人的兩種本性：靈性與肉體。

由於兩個政府，兩種秩序各有自己管轄的對象，因此自然地就有其領域與範圍，不能混淆，越俎代庖。靈性的政府不能定下法律規限人的行為，因為其權柄是非強制性的；世俗的政府不能設定法律干預信仰或強逼人接受上帝，因為其權柄涉及生命與財產而非靈魂。話雖如此，即使在原則上，此一分別其實並非如路德所想像般一刀兩斷的（clean-cut），亦因此而帶來不同的實踐方向。

除此之外，路德更進一步從兩個敵對國度的脈絡來堅持分別的重要性。[8]他認為在整個上帝與撒旦的爭戰中，兩個政府、秩序處於非常核心的位置，撒旦一直嘗試運用形形式式的手段引誘當中擔任不同崗位的人濫用其權力，而其中最有力的攻擊莫過於混淆兩個不同的政府（*Confusio regnorum*），忽視靈性政府與世俗政府的分別，並互相干涉、混亂二者，後果是以世界而亂天國，以天國而亂世界，帶來的只會是混亂而非秩序。在路德眼中，教宗是混亂兩個政府的典範，故稱之為敵基督（Anti-Christ）。教宗不單宣稱世俗與統治者的權柄必須出於教宗，更把世俗政府的統治方法引進屬靈領域，從而定下法律以強逼信仰，把自願特性的靈性政府轉為一法律和刑罰的世俗政府。路德亦同時警告當時的諸侯，切勿干預信仰事務，因為他們在此領域無任何權柄，不能任意妄為。兩個領域、政府不相干涉，不僭越己分，就能發揚各自的功能，抵擋魔鬼，一旦越權代理，則陷入混亂而為撒旦所用，這是路德何以堅持兩個政府必互相分離的究竟原因。

如此一來，正是因為互相分離有別，故能彼此限制。這種限制並非否定了各自的獨立自主性，而是表明各自的獨立自主性是有其範圍的，而非無所不及，一旦離開其範圍則失去其主宰能力，其自作主宰的能力只能及於其被劃定的秩序、事務之內。由於這兩個政府管轄的範圍已窮盡了人類的生活領域，故此，在邏輯上，它們是互相限制的。這種互相限制的能力可以進一步表現在各自對對方越軌行動的否定之上。世俗政府一方面固然不能越權以行政手段干預宗教自由、教會該如何解釋聖經、制定教義。但另一方面卻可以懲治那些違反法律，如犯上偷盜、欺詐、謀殺等罪行的教會中人，那怕是牧師、教宗，因為這是他們管轄的範圍。靈性政府以愛心寬恕的方式對待這些罪人是合理的，然而卻不能以此代替了世俗政府的執法，就這個意義來説，世俗政府履行其懲治功能正是限制了靈性政府的處事方式於其自身的範圍之內。同樣地，靈性政府不能教導或指引世俗政府如何治理社會國家（how to rule），正如不能教導廚師該如何烹飪；可是，神職人員卻有責任指出擔任公職的人並不因其為執法者而為義人，他們可以同樣犯上種種一般人會犯上的靈性罪行，更重要的是提醒執政者切勿以行政主導宗教，重申世俗政府並不能帶來拯救，以此來限制對方的功能。

兩個政府之間的互相分別，彼此限制，後果是否定了聖化的政權，避免了政治化的教會。

然而，兩者的關係是否真的如此乾淨俐落呢？路德自己就從消極的限制轉至積極的干預。原來兩個政府盡其本身的職權伸展至對方領域內以懲治犯法或防止權力越界，路德卻更進一步。當路德限制神職人員不應干預世俗政府運作之時，他卻給予他們對抗一切罪惡（sin）的責任，不單是個人性的罪，並且包括一切濫用職權的罪，這樣就涉嫌干預統治者如何使用職權，指導執法者如何對待被統治的人民。路德明確指出牧者傳道需要積極勸誡當政者不能以權謀私，反之卻要秉行公義，善待百姓，如此一來，也就不單只是消極地阻止限制世俗政府的運作範圍，並且是積極地教導它應如何統治，如何行使其職權，這就犯了路德原來自己訂下的原則：兩個政府是互相分離，不相干涉的。此外，路德在界定世俗政府懲治罪行的範圍亦十分廣闊，他很早就把任何公然反抗上帝的罪行也歸於世俗政府懲治的權力之內，如褻瀆、咒詛等。之所以如此乃因為路德依據傳統把自然律（natural law）等同十誡來看待，因此任何在行動上對抗上帝的都需要受到懲罰（第一誡、第二誡），雖然世俗政府不管靈魂的事，可是，管治外在的行為卻為其不可推卸的責任，這樣就擴闊了其職權，伸展至靈性政府負責的領域，或者應該說，這是代靈性政府出頭而以法律懲治宗教罪行。[9]

兩個政府分離的原則原來是以消極的方式防止彼此的越權，可是現在卻各自在原屬對方的管轄範圍內指手劃腳，越俎代庖，積極地干預對方。

路德這樣的看法，可能是來自他以兩個政府，兩種秩序均出自上帝之手的觀點。若從兩個政府的角度來看，則強調分別。但若從上帝的角度來看，則兩個政府同是上帝手中的工具，用以對抗邪惡的國度。於是，當任何一個政府以上帝為標準，則可依此而批判另一政府，甚至指導其當如何運作。他的眼目所著意的是兩個敵對國度的爭戰，從這個角度來看，則兩個政府都有需要被指導以對抗邪惡的國度，於是就忽略了原來訂下的只作消極干預不作積極指導的原則。或許，在路德看來這是從一更高層次——上帝的角度——來決定，故可違背原來的原則，因為這種違背並非出自兩個政府本身，而是出自設定這兩個政府的上帝。即使這樣，也會出現上帝違背自身的難題：一手設立分離的原則，一手又破壞之，難以理解。

無論如何，路德在處理兩個政府之間的關係所出現的不一致情況，結果是預備了材料讓後來者任意選取以支持自己的立場。

四、一個評論性的結語

莫特曼指出，路德的兩個政府觀必須置於兩個敵對國度的架構來理解。這樣，其互相分離的性格就可因著共同對抗邪惡國度不致互不相干，[10] 雖然這並不能合理化積極的干預，可是卻提醒我們路德的兩個政府的神學並非為基督教倫理提供任何基礎，而是表明上帝跟邪惡國度的對抗。事實上，如上所述，無論路德強調兩個政府相分相離，抑或容許兩者相互指導，其目的只有一個，就是彰顯上帝的統治，抗衡邪惡國度的入侵、擴散，因此，路德這方面的思想就是歷史神學（theology of history）而非倫理（無論是政治的或社會的）的基礎，更不能提供具體的指引。

然而，莫特曼指出這歷史神學卻是一天啟式的終末論（apocalyptic eschatology），起點是兩個敵對國度的爭戰，然後在此景觀內來了解基督及其工作，換句話說，是由信與不信、上帝與撒旦的鬥爭為架構來看待歷史。但莫特曼指出這是兩個國度裏最根本的問題所在，就是未能從基督的觀點來掌握歷史和歷史的終結，即放棄了以上帝在基督的復活所顯明的勝利為起點，結果是，在路德的兩個國度觀，勝利只發生在天啟式的將來（apocalyptic future），而非始自基督勝過罪惡、死亡、魔鬼和復活事件之上。[11]

如果兩個國度觀乃建立在基督從死裏復活的事件上，則基督就不再只是靈性政府的主，也是世俗政府的主，而世俗政府亦不單是防止罪惡，同時亦可積極爭取公義，這並非由靈性政府所指定，而是基督從死裏復活所指向的終極天國所要求的，因此也就不會犯上兩個政府互相積極干預的問題，因為標準已經在基督事件的終末意義中被確立了。換句話説，基督事件規範了兩個政府的功能，特別是世俗政府，而毋須靈性政府提供任何指引。如此一來，世俗政府並非無所規範，但此規範既非由其自己來決定，但也非來自靈性政府，而是來自上帝在終末性的基督事件所啟示的；是上帝決定了世俗政府賞善罰惡、秉行公義、維繫和平的職責，如此一來，任何人都可以依此而監管世俗政府的運作，當然，包括靈性政府在內。

最後要再一次重申，路德的兩個國度的神學仍然只是一套歷史神學，鋪陳國家與教會在上帝國度中扮演的角色：對抗魔鬼國度，由此而肯定世俗政府的相對獨立性和正面價值，打破了路德之前的政教完全合一，或者更準確地説，是宗教或靈性政府管轄世俗政府這層級式的局面，取而代之的是一個互相平行、相對地自主的關係，即使是互相積極干預，但仍是處在一平行的互動關係裏面，而非重返路德之前那種教宗凌駕於皇帝之上的局面。相信路德的貢獻正在於此，可是，這一兩個國度的理論，實在並不能為基督徒提供任何具體的倫理決擇的指引。

註釋：

1. W.D.J. Cargill Thompson, *The Political Thought of Martin Luther* , ed. P. Broadhead（Brighton, Harvester, 1984）, p.19. 另參 P. Althaus, *The Ethics of Martin Luther* , trans. R.C. Schultz（Philadelphia：Fortress, 1972）, pp. 1-53. Althaus 認為路德不再以邪惡國度來了解世俗的政府乃一根本的變。

然而，據 Cargill Thompson 的分析，路德並未放棄邪惡國度的觀念，並且，世俗的政府若然為撒旦勢力所擄，則路德會稱之為邪惡國度。參 Cargill Thompson , *The Political Thought of Martin Luther* , pp.50-53. esp. p.53。路德這種看法實與其天啟式的終末論（apocalyptic eschatology）有關，並非基督論式的終末論（Christological eschatology）。

2. 同上，Chapter II , "The Implications of Luther's Theological Revolution."

3. J.Moltmann, *On Human Dignity ：Political Theology Ethics* , trans. M. Douglas Meeks (London: SCM, 1984), p.63.

4. 這一節主要根據 Cargill Thompson, *The Political Thought of Martin Luther* , pp. 37-39。

5. Moltmann, *On Human Dignity* , p.73.

6. Cargill Thompson, *The Political Thought of Martin Luther* , pp.42&44.

7. 同上，頁 58-59。

8. 以下討論參 Cargill Thompson, *The Political Thought of Martin Luther* , p. 55.

9. 同上，頁 133-134。另亦參 Althaus, *The Ethics of Martin Luther* , pp.130-131, 125-126.

10. Moltmann, *On Human Dignity* , pp.73-74.

11. 同上，頁 75-76。

第二部分

管窺路德神學

（II）處境篇

為甚麼華人信徒仍需要路德？

羅永光

一、路德的第一次改革：從生命的改革開始

香港是一個多變和急變的社會，處身香港就像生活在一個急速轉動的萬花筒裏。對香港人來說，「變」是正常的，愈能適應「急變」就愈能夠生存。相反地，「不變」則被視作不正常，是該被淘汰的，這些現象我們也可以在教會內見到。傳統的崇拜和詩歌太枯燥無味了；查經班太說教，不夠生活化；連青年團契的「蜜月佳期」也都過去，而且進入了無新鮮感的「供樓時期」。雖然，那些敢於面對「急變」的信徒和教牧已努力施展渾身解數去應付，可是成功的例子不多，就是成功了，也可能只是一時的成功而已。香港教會正在尋求新的路向，一個新的改革。

a. 不變的世界　　四百多年前，馬丁路德同樣關心到教會的新路向和尋求改革。不同的是，他所面對的不是一個理所當然的「變」，相反的是一個理所當然的「不變」。中世紀的經院學派為哲學建立了一個不變的機械式世界觀，也為教會奠定了一套不變的封閉式教義。

路德雖非出身名門，他的父親卻為他安排了人生要走的

路。從基礎教育到大學，以至職業和妻子的選擇，全由路德的父親一手包辦。路德在學業上的成功給予他父親很大的滿足感。當獲悉路德大學畢業成績考取第二名的時候，他甚至改口以「*Ihr*」（您）來尊稱路德，並且為他預備了升讀法律的書籍，在這樣周詳的安排下，路德開始了在埃爾富特（Erfurt）大學的法律課程。

b. 不變中的變　假如路德順應父親的期望，完成了法學學位，在歷史上出現的可能是一個偉大的法學家，而不是改教家，可是路德沒有接受這些不變的安排。他修讀法律不到三個月，就在回大學途中遇到雷暴，差點兒被閃電擊中，在極度恐懼當中，他大叫「聖亞拿（St. Anne），救我！我要做修士！」（相傳聖亞拿是耶穌的祖母，是中世紀後期最受尊崇的聖人之一。）路德在一五三九年回憶說：「我邀請了很多好朋友參加我的告別會，讓他們可以在次日送我進修道院，當他們勸阻我的時候，我卻說『從今以後，你們再也見不到我了。』最後，他們含著淚伴我起行。」

這一次的「變」是路德生命中的第一次改革。在眾人都認為是對，是好的時候，他卻沒有聽從，尤其是使他的父親失望。路德的父親不但沒有諒解他，反而跟路德反了面，他在信中再次用「*Du*」（你）這個對小孩說的稱呼叫路德。

c.生命的改革　「我要做修士」是一條不歸路。路德也曾後悔立這誓言，可是那次雷暴的經歷使路德在後悔之餘仍要選擇人生的另一條路，因為他渴求真正的平安。他希望教會的教義能指導他，修道院的生活能幫助他，使他不再有恐懼。他選擇了神修生活特別嚴緊的奧古斯丁修道院（*Kloster der Augustiner-Eremiten*），過著俯首度日的生活。無論是在修道院清潔，到市中乞討，或是祈禱，或是背誦聖經，目的只有一個，就是要靠賴苦修滿足上帝的「義」。

我們很難想像幾百年前的修道院生活是怎樣的，像路德所描述的那樣要求嚴緊的生活，也許沒有甚麼人願意接受。今天我們知道，要滿足上帝的義，就是信靠基督；即使獻身讀神學也沒有必要過中世紀式的修道生活，而且有不少人認為，帶職事奉更能全面兼顧。要學效路德，不一定要做修士。路德的改革精神開始於他對生命的追求和執著，而這個生命是一個與上帝面對面的生命，所以他願意放棄名利，敢於反抗父親。這是一個從內心深處發出來的生命改革。

二、路德的第二次改革：信仰基礎的重尋

人生到底可以犯錯多少次，可以有多少次回轉機會？當人堅持著信念，努力地朝著目標走，到頭來發現是錯的，而且一直是受騙時，那種衝擊會有多大？

a. 教會裏的平步青雲　路德自一五〇五年入修道院後，便順服地遵從教規生活和學習，由於他的表現卓越，不到兩年便完成修道院的要求，被按立為埃爾富特（Erfurt）主教堂的神甫。五年後更接任施道比次（J.v.Staupitz）在威登堡（Wittenberg）大學的釋經學教授之職。在領受博士銜的宣誓中，路德不單要說明對教會的服從，更要表示願意肩負維護神學真理的責任。一五一五年路德已成為統管十間修道院的教區牧長。

b. 以福音改革教會　假如路德順應教會的期望，按照教會規定的一切去事奉，他一定不會成為改教家。可是，不論是修道生活、教會事奉、或是學術研究，都不能平服他內

心的不安。他形容這段期間是他對上帝的憤怒感覺最強烈的時期，在聖經裏他只看到上帝公義的一面，基督對他來說只是一個審判官。「我怎樣能夠在上帝面前成為一個義人？」是一個一直困擾著他的問題。教會的答案不能滿足他，因為領受赦罪的聖禮之先決條件是謙卑和悔罪，而問題卻在於路德不能確定自己已經完全做到。他更認識到在一切善功的背後隱藏著人的「自我」，目的是要使自己逃避上帝的審判，因此，善功便不是出於甘心和感恩，卻變成了自私的行為，這樣的善功又怎可能滿足上帝的義呢！

羅馬書一章十七節給路德帶來一個決定性的突破和啟迪。他發現，要滿足上帝對義的要求，惟一是「信」基督的福音，換言之是上帝使我們成義，而不是依靠個人的修煉或購買贖罪券得稱為義。他很高興的要把這發現公諸於世，並在一五一七年十月三十一日，張貼指責教會的九十五條條文於威登堡修道院教堂的北門上，希望能與學術界辯論贖罪券的問題。他本以為這是維護神學真理的事情，可沒有想到所帶來的後果，要比上次反抗父親的嚴重得多。教會革除了他的教籍，連一直照顧提攜他的施道比次也批評他的主張為異端，他甚至在改革的運動中被追殺。

c.教會已經改革了嗎？ 路德獻身於教會，是他生命中的第一次改革。而構成第二次改革的「這是我的立場」並不是個人意願的事情，而是一個與整個教會生命有重大關係的問題。在路德的眼中，教會已經把真理扭曲，引人遠離福音。我們今天要談路德的改教，要從他的改革精神反省自己和我們的教會，不該盲目的歌功頌德，把宗教改革只說成一個轟轟烈烈的歷史偉迹。我們應該知道，路德最終所關心的，不是要建立自己的教會，他只希望教會的信徒都像他那樣，認識上帝是一個施恩的主，藉著信靠基督，我們得以在上帝面前坦然無懼。

今天教會裏已經沒有贖罪券了，可是，金錢是否真的不再阻礙我們的信仰，不再破壞教會的聖工呢？「藉信稱義」是叫我們不用理會行為，還是提醒我們，藉著信被上帝稱義的我們，仍需要時刻依賴上帝赦罪的恩典？當掌權者扭曲真理，使人敗壞，甚至令世界都與我們為敵時，有多少人會仿效路德，不求自保，在福音真理的基礎上站起來說「這是我的立場」？又有誰甘於只求改革，不主分裂呢？我們是否或多或少的重複著當年的錯誤？今天的教會是否仍需要改革？

三、路德的第三次改革：生活的改革

很多人認為，要幹一番事業，必須專心和投入，甚至要犧牲很多只有普通人才可以擁有的「一般生活」。香港人可以因為近年來在經濟上的成就而自豪，可是我們並沒有足夠地重視所付出的代價。這現象在教會裏也屢見不鮮，事奉要有果效，可能要犧牲家庭生活；甚至作為教會領袖的教牧，也普遍地忽略家庭，愈多董事職、顧問銜，愈無心無力陪伴家人、關心子女。

a. 聖俗生活的理解　　路德進入修道院時，已經在行動上表示要放棄世俗和家庭，過聖潔生活，專心一意的事奉上帝。他當時深信，守獨身（celibacy）是崇高的理想，是生活中最聖潔的；而婚姻是屬肉體的事情。我們更見到，當他投身改革教會之後，「改教」事業變得比他的生命更重要。無疑，路德是一個成功的改教家，他獨個兒委身信仰，投身改教，都是成功的原因。可是，他一五一七年以後對「守獨身」提出了強烈的批評，認為這不單不是最聖潔的生活、不能討上帝喜悅，更是違反上帝命令的做法。他強調婚姻出於上帝的心意，藉著上帝的道，婚姻成為蒙福的神聖秩序，是自然的，是社會生活的最基本制度。他這些言論甚至鼓勵了修道士和修女還俗，他也沒有因為害怕可能招惹到誘拐修女的死罪而退縮，反而為那些逃離修道院的修女尋找工作甚至丈夫。

b. 為結婚而結婚？ 路德結婚了，他終於在一五二五年以四十二歲的高齡娶了曾為修女的加塔琳．波拉（Catherina von Bora）。這是路德的第三次改革，因為這次行動，一方面是他對教會再次（可能是最後一次）的嚴重抗議，另一方面是他生命的一個新轉變。路德不是因為迷戀女性或鍾情加塔琳而結婚，而是為了遵行上帝的命令；見證所信之道；羞辱教皇和撒旦；以及滿足父親傳宗接代的願望。今天，我們很難接受不是因為戀愛成熟而結合的婚姻，可是路德所看重的不是對方的吸引、個人的幸福、或是倆人的感情，而是順服上帝的旨意。加塔琳是一個典型的妻子，除了料理路德因改革活動引致的雜亂生活，和照顧他多病的身體之外，也曾因為擔心路德會遇害而阻攔他出外。路德並沒有否認夫妻相處的煩惱，也曾描述加塔琳有時好像一條鎖鏈，但他對加塔琳的愛卻從遵行上帝命令的婚姻當中培養出來。當加塔琳重病時，他曾高叫：我最親愛的，不要捨我而去。

c. 改教與家庭 婚後的路德仍然繼續他的改革工作，他編定《德語彌撒》、寫作聖詩、出版德文新舊約全書、協助編寫《奧斯堡信條》，以求教會合一等等。然而，他沒有因為繁忙的工作而忽略了妻子和六個兒女、收養了的四個孤兒、及家中的十多名食客和寄宿學生。他認為，對兒女來說，父母是上帝的代表。家庭生活的起居飲食方面，他全交由加塔琳去照顧，可是有關宗教方面的事情，尤其是兒女屬靈生命的培育，路德是責無旁貸的，因為向他們宣講福音是自己的責任。他喜歡在飯桌旁一邊喝酒一邊與家人、學生和訪客談天說地，不論是生活的，或是信仰的，無所不談，有嚴肅的，也有說笑的。這是路德家庭教育的特色，也是他尋求靈感的機會。著名的《餐桌談》就是這樣產生的。

d.日久常新的改教精神　信仰與生活、事業與家庭，都不應該是「魚與熊掌」的事。路德從放棄世俗入修道院，到成為改教家，最後更還俗成家，每一次的轉變都是一個改革，是無回頭路的決定，但我們不應把它簡單化，看成棄暗投明的做法。因為在這些改革當中仍顯示出「在變中有不變，在分中有合」。若不是信仰力量的驅使，路德不會成為改教家，改教運動不會發生在歷史當中。宗教改革的精神完全取決於對信仰的堅持。當年的改教精神，今天仍然提醒香港教會和信徒，我們是否在生活上堅持生命的信仰？

宗教改革的聖經觀與今日華人教會的關係

戴浩輝

在這個講求效率，事事要與時間比賽的時代裏，我們或許歎息作甚麼都不夠時間，科技一日千里，互聯網絡的資訊使人面對浩瀚的知識汪洋時，不知所措。同時，快餐文化的氾濫卻又使人流於膚淺。快速的節奏和商品化的生活，帶來的是一個只重外在吸引的包裝時代。流行歌手不一定要唱得出眾，但卻一定要有好的面容，還要包裝成為偶像歌手，就是這樣，連唱功歌藝平平的人，也能成為天王巨星。

在這重包裝講快捷的文化裏，信徒也不能不受影響。在教會提供的較為長期的培訓，只有很少信徒能忠誠地完成整個課程。此外很多靈修書籍也只是快餐式的供應，聽講座或聽道又要有明星級講員才叫座，這都是流行文化的產品。處身這樣的時代，宗教改革精神可給我們甚麼啟迪呢？

一、回到根源去

十六世紀宗教改革時正是文藝復興時期，當時的一個時尚口號是「回到根源」（*ad forntes*），在宗教領域方面學者也提議回到信仰的根源——聖經那裏去。由於當時通行的聖經是拉丁文（武加大譯本），於是人文主義泰斗伊拉斯姆編纂了希臘文新約聖經，而路德亦從原文把聖經翻譯成德文，目的是幫助信徒回到聖經的根源。

回到根源的口號除了直接影響聖經研究之外，也引起人們追溯信仰與生活的根源，並以這根源作為檢視教會現有的制度和生活的標準。然而路德的改教主要是從他個人得救開始的。在修道院裏，路德的心靈沒有安舒，反而終日受著良心的指控，上帝的義成為他不安的根源，他設法要找到得救之法，直到他讀到羅馬書一章17節，明白因信稱義的道理，才恍然大悟，日後的改革也由這個個人得救的經歷開始。

其實這個對聖經的認知，是與他發現聖經的原意有關的。因此，改教運動實在是與釋經息息相關的。路德的釋經方法主要是按聖經字面的意思解釋，路德反對當時教會遵行的釋經方法，並拒絕教皇自詡，只有他才有解釋聖經的權柄。路德認為聖經在他們手中就好像「蠟鼻子」給人隨意轉向（解釋）。因此他認為除非經文字面的意思明顯不通或是荒謬，不然解釋一定要從字面意思開始。

回到根源的口號使一向以寓意方法解釋聖經的教會有一番新的景象，聖經研究不僅在其應用的層面，也要確立其字面和歷史的意義。很多學者認為，從啟蒙時期以來用於聖經研究的歷史鑑別法（Historical-Critical Method），可以追溯到路德的研經方法上。然而，當我們深入瞭解路德的釋經時，我們必然覺察到聖經的字面和歷史含義只是他運用聖經的開始，因為他也強調僅是研讀字面意思和歷史研究是不足和沒有生命的。

路德有三個研經的原則，第一就是讀經者不應假設人的理性能使他明白聖經，因此禱告祈求聖靈作工是首要的。第二就是細心閱讀研究聖經的字面和歷史意義，而最後則是探討經文與我們的生命經歷。他強調研究聖經絕對不能與生活分割，而釋經者與聖經之間完全是生命的關係，當聖經的意思給釋放時，也同時改變釋經者或讀經羣體的生命。

面對我們這個快餐時代和包裝文化，宗教改革精神提供了兩點發人深省的建議：一方面是強調回到根源──我們的聖經去，不是那些即食快餐，而是要與聖經摔跤，研究聖經的字面和歷史意義，再與我們的生活處境關聯起來，直至它給我們祝福。另一方面是提醒信徒回應福音的呼召，因為路德的回到根源實在也提供了一個方向，就是回到人心靈的深切需要、困惑、沮喪和懷疑。苦難和試探是信仰的培育場所，一個經過懷疑掙扎的信仰，才是實在的。

二、惟獨基督的聖經權威觀

在這個高唱自由的社會，權威下降的時代，不少教牧慨歎信徒不順服，不肯接受裝備，信仰膚淺，不能抵禦引誘和潮流的衝擊。身處這個多元文化的社會，面對很多社會道德問題，眾說紛紜；聖經所提供的指引好像不再是這些問題惟一的答案，教會的教導變得相對，信徒則無所適從。教會的權威在哪裏？聖經還是信徒信仰生活的準則嗎？

在宗教改革時期，路德敦促教會膺服在聖經之下，他針對教皇和教會的不良遺傳；聲稱聖經是一切教義的最終裁判，甚至在其改革運動的三個口號（惟獨恩典、惟獨信心和惟獨聖經）中高舉聖經。當路德說聖經權威時究竟有何含義？與華人教會一般的看法相同嗎？他的觀點能幫助今天的教會嗎？這些都是值得關心和討論的問題。

要瞭解路德對聖經權威的看法，先要瞭解他對上帝的道的看法。第一，他認為上帝的道是成了肉身的道，即三位一體的第二位，聖子耶穌基督。聖經就是指向祂，為祂作見證的。第二，上帝的道也是宣講的道，即福音；第三，聖經是寫下的道。如果沒有寫下的道（聖經），我們就沒有通往宣講的道（福音）的途徑，也就不能達到成為肉身的道（基督）那裏。寫下的道是為了道成肉身的道和宣講的道而存在的。對比基督和祂的福音，聖經顯然是前兩者的僕人，因為只有基督是主人和君王。

路德説：「聖經一定要忠於基督，而不是敵基督，因為，聖經必定是指向祂的，否則就不是真聖經，換言之聖經是基督的僕人。」基督如果認為律法在哪處需要「成全」，那處的律法權威就只能到基督為止，所以聖經不能大於基督（參太五38～39，43～44）。

對那些以聖經中有關善工的教訓為基礎來攻擊路德的人，他這樣回答：「你們強調僕人（筆按：聖經），而不是全部或強有力的部分（筆按：他暗示基督和福音），而只是少許有關善工的章節，我就讓這僕人給你們吧！（筆按：暗示放棄這些不能與基督和福音相比的東西，面對聖經和基督的矛盾時，他會絕不猶疑的作出取捨）我強調主人，就是聖經之王。」（《路德著作》美國版第二十六冊，頁295）

路德又批判地論及聖經一些書卷，例如：在一五二二年出版的新約序言中，他曾懷疑雅各書和啟示錄存留在聖經裏的價值。（在一五三〇年出版的新約序言取消了這樣的判斷，但在神學的討論中，他還是保持這種態度的。）在這一點上他的名句是：「凡不傳基督的，那管是保羅或彼得作的，都

不是使徒的教訓。凡是傳基督的，不管是彼拉多、猶大或希律的，都是屬使徒的。」（《路德著作》美國版第三十五冊，頁396）

從他對聖經各卷的評價和他對聖經的核心——傳基督——的重視，可以知道他對古教會有關確立正典的條件和基礎並不完全認同。他對正典的一致性有疑問，並且對聖經的權威也有不同的理解。但他並不像自由派和聖經主義者那樣基於人的理性，而是在於那道成肉身的基督。當聖經有不協調甚至矛盾的地方時，他可以強調這不是聖經的錯，而是釋經者對語言和歷史的知識不足所致而已。面對一些難以接受的經文時，他說：「聖靈比我更有學問。」基督是權威的來源，所以路德的聖經權威概念是重視其本質而非其形式的。而這種權威概念是建基於他個人得救中，因此他的惟獨聖經不能與他的惟獨信心分開。而這兩個「惟獨」只是一元的兩面，這一元就是惟獨基督。他對聖經的看法就像基督神人二性的看法，他不像後來的正統主義一面倒的高舉聖經的神性，而忽略其人性，也不像自由派的一面倒的高舉其人性，而漠視其神性。路德的聖經權威與釋經，是依據聖經同時是有神性與人性這兩個特質而作出的，並且最終以基督為中心。

反觀一般華人教會對聖經權威的態度是屬於護教性的，是秉承了自十七世紀以來基督教正統的聖經權威論，強調聖經最終的作者是上帝，所以是完全無誤的，是至高無上的權威。這教義的作用在當時是要抗衡教皇無誤的教理，因此其時聖經權威的瞭解是抽離基督的。這樣的聖經觀對華人教會又有何益處呢？

面對二十一世紀，必定有更多不同的學説和釋經方法進入教會。多元化的思想也不再容許「一言堂」的存在。然而我們如何教導信徒面對這個模稜兩可的時代呢？路德揭示了一個很重要的聖經權威觀，不是聖經形式，而是聖經所承載的基督。

信徒皆祭司——為他人而活的自由

伍渭文

Philip Schaff在他八冊《基督教會史》評論到宗教改革運動的一個核心思想——信徒皆祭司——時說：「信徒皆祭司是改教運動的社會和教會原則，是基督教國家宗教和公民自由的根源。」另一位改教運動史家T. M. Lindsay更推譽路德信徒皆祭司的觀念是「真正基督教信仰的試金石」，其他改教運動的重要觀念，由此核心開展出去。

事實上，信徒皆祭司的觀念在改教時期曾經成為激烈改教者的神學依據，用來否定建制的外在規範：我們不需要教階（神職人員），因為自己就是一位站在上帝面前的祭司。農民戰爭中，被地主壓逼的佃農受著信徒皆祭司思想的鼓舞，重拾自信與尊嚴，與諸侯地主們抗爭。他們的精神領袖閔次爾（Muntzer）更以此觀念否定建制中扮演重要角色的教階，他嘲諷代表建制的神職人員和僧侶：「在我一生年日中我從未遇上一位傳道人或修道士真正認識信心的真義。」

誠然，信徒皆祭司這一觀念確有掙脫束縛、自由、人人平等的意涵，對建制和擁有權力的統治者極具威脅性。是故，第二代的改革者如墨蘭頓、加爾文出奇地避談信徒皆祭司的教義。加爾文獻給法國君主的《基督教要義》全書對此隻字不提，只在論及禱告時暗示信徒的祭司身分（卷三，二十二章）。墨蘭頓更反對在奧斯堡會議中討論這教義，極力避談改教者是亂臣賊子，以免給當權者藉口打壓改教運動。

一些狂熱的信徒對「信徒皆祭司」這一觀念的確情有獨鍾。近代弟兄會地方教會運動就以此否定按立牧職制度，視所有宗派章程傳統皆是人為組織，實行廢傳解經，追求返璞歸真，回到新約世界中。這種追求純樸自由，不受外在規範約制是狂熱信仰的特色，但路德提出信徒皆祭司是反權力、反建制嗎？接受信徒皆祭司是否要貶抑神職人員的地位呢？信徒君尊祭司的職分帶來的自由是擺脫一切外在規範的自由嗎？還是這自由乃甘心接受制約的自由呢？

當今時局強調自我完成、自我提升、自我選擇；獨舉權益，鮮談義務。雖然我一方面同意司法獨立，但當法官判我敗訴時，我卻可以遣派「狗仔隊」分分秒秒追著你，還說我有權這樣做。這種人權至上的思想，不斷衝擊順服權柄的固有聖經教導。在這時候，反思路德信徒皆祭司的教義確實有時代的適切意義。

路德信徒皆祭司的觀念無疑是在與羅馬天主教抗辯中的處境開展出來的。一五二〇年三篇著名改教策論，特別是〈致德意志諸侯書〉一文，路德把這教義發揮得淋漓盡致，有力號召平信徒的諸侯，起來履行君尊祭司的職位，投身改教運動，為真道爭辯。不過，路德不是機會主義者，他是神學家，更是釋經家，在威丁堡大學中他是聖經教授，特別喜愛詩篇，離世前用了近十年（一五三五至一五四六）完成創世記釋義。路德早於一五二〇年改教策論以前的一五一九年十二月十八日，在給好友Spalatin的私人信件中便堅持：「一位教牧（a priest）與平信徒是沒有分別的，其職事（ministry）除外，這職事就是上帝話語和聖禮。若我們放下儀文和人的身段，其他都是人人平等的。」

路德不是第一位論及信徒祭司職位的作者，但他確是第一位把信徒祭司身分與基督祭司身分關聯起來，並深入發揮其神學意涵的人。早期教父如愛任紐，在《抗異端書》中（四·八·三）便指出「所有公義者皆擁有祭司地位。」特土良曾利用信徒的君尊祭司地位，來教導平信徒離開納妾的敗壞社會風氣。神職人員不能做的，平信徒也不能做，因為我們信徒也是祭司。但教父們所強調的是祭司倫理：平信徒不能有雙重標準，降低道德要求。倪柝聲也引用信徒的祭司身分，強調人人事奉，不要單作上帝的子民，要作生命強壯的祭司——屬靈人。君尊祭司身分成為信徒成聖追求的動力。

但路德所發揮的信徒皆祭司教義，重點在於稱義，在於信徒與基督聯合帶來的屬靈地位。因著與基督聯合，信徒分享祭司的尊榮和職位。在基督身上，我們看到祭司與祭牲共處一身——自我犧牲。不錯，祭司身分有自由的意涵，但這自由是服事他人的自由（free unto），不是擺脫約制的自由（free from），路德提出君尊祭司的精義：

基督徒是全然自由的眾人之主，不受任何人管轄。
基督徒是全然順服的眾人之僕，受任何人管轄。

路德視信徒君尊祭司身分是外加的屬靈地位，不是成聖追求的結果。為此，信徒應心存感恩來履行其君尊祭司的職位，透過地上不同的身分、工作，顯出對人的愛。到上主面前憑信心，不能靠善行功德，到人面前顯揚愛心，這是基督徒的倫理，因為真正的信心會衍生對人的愛（faith active in love）。

近代人也談善行，並預設上帝的存在作為善行的合理超越基礎。若上帝根本不存在，甚麼都可以了。康德儘管批判理性的局限，推翻歷代古典上帝存在的所有論證，認為理性依托時間空間的概念運作，沒有可能證明超越時間、空間的上帝，但其倫理的基礎仍是上帝的存在，行善使上帝的存在成為合理（good work justifies the existence of God）。但路德強調真正無私的善行出於被上帝稱義的結果（justification of God produces good work）。

基督徒享用真正的自由去愛人，來回應上帝的救恩。任何外在因素或規範策動的善行都失卻這珍貴的內在自由。就如為著贏取信徒的嘉許，或保持自己在人心目中是一位熱心愛主的形象，而參與教會事奉和社會關懷，便沒有內在的自由了；動機既不純良，也不是真正對人的愛，這些「善行」和「事奉」不過是自我完成的手段而已。若教牧視工場為圓自己的天國夢、舒展理想抱負的地方，很容易一遇挫折便棄守工場。牧養教會主要出於無私的愛，教牧蒙召目的是成全聖徒，不是成全自己。特殊祭司（教牧）也要效法大祭司的榜樣——自我犧牲。

路德堅持所有工作皆神聖，神職人員的傳道事業與家庭主婦經營家務，在上主眼中一樣神聖寶貴，因為任何工作（vocation）皆是回應上帝救贖的愛。每天擠地鐵、趕巴士、中午吃飯盒、晚上趕文件都是工作，目的也是愛：對家人的愛。若不工作，如何養活他們呢？工作使經濟發展、多人就業、清弭貧窮，進而減少貧窮帶來兒童營養不良、嬰孩夭折的悲痛。路德說，只有遠離人羣的修士，他們所作的才不是工作，因為自絕人羣，焉能顯出愛呢？是故，信徒皆祭司，每一項職業都神聖尊貴，其目的不是肯定工作本身自主獨立的價值（這樣會造成自我中心），乃指出任何工作能顯出對人的愛，所以同樣神聖。現今不少基督徒考慮工作時，首先考慮薪金、服務條件、是否更能發揮自己潛能，比較少考慮這工作能否更顯出基督對人的愛，會否影響教會的事奉。若工作本身脫離服侍他人的目的，便失去其神聖的地位了，因為君尊祭司的精神是效法基督祭司職分——非以役人，乃役於人。

祭司羣體另一個重要表徵是宣揚真道，用上帝的道彼此勸戒。我們怎樣才獲得君尊祭司的職分呢？是上帝的道，基督的福音。惟獨聖經，聖經是惟一信仰標準，上帝的道高於教皇和大公會議。上帝的道重生了我們：「祂按自己的旨意，用真道生了我們。」（雅一18）是故，每一位信徒有責任力求上主的道，在祭司羣體中正確宣講。更因如此，教會要小心召聘祭司羣體的代表—教牧，保證他們能用上帝的話語教導信徒。

有人不明白路德既然如此強調在上帝面前人人平等，只是職事不同，為何又非常看重神職人員的地位呢？甚至有人認為路德前後矛盾；與羅馬教廷抗爭時，改教前期重視信徒君尊祭司，後期建立規劃教會章程則突顯教牧地位。事實上，特殊祭司（教牧）與普遍祭司並存不悖，相輔相承。沒有真實的教牧，便沒有真實的平信徒，因為祭司職分是上帝的道所賦予的。而按基督大祭司道成肉身的原則，上主話語需要公開、正確宣示，才能在人心中工作，所以一個外在宣講神話語的職事是必需的。

既然每一個君尊祭司都有宣揚真道的權利和義務，那麼沒有一個人可以脫離祭司羣體的認可，擅自壟斷宣講真道的權利。路德強調，沒有神學訓練和教會羣體召聘，信徒不能隨意以教牧自居。一位受祭司羣體召聘的教牧，只是行使眾人的權利，受託付教導聖言。而信徒要慎思明辨，保證上帝的道正確宣講。

所以，君尊祭司職位包括負責任的聽道態度。若所有平信徒重視講壇，肩負起活潑、有動力、有反應的進取聽道責任時，教牧也會冒著熱汗與冷汗，恐懼戰兢，用心預備講章。特別祭司（教牧）與普遍祭司（平信徒）地位同等，只是功能不一樣。平信徒因為尊重上帝的話語，愛屋及烏，進而敬重勞苦教導人的傳道人（提前五17）。職位（office）是用來公開使用恩賜（gift）、發揮功能（function）的。教會要積極在祭司羣體中選拔有恩賜的人，給予訓練，使他的恩賜如火挑旺，並授予職位，用其教導恩賜裝備信徒。所以，若明白君尊祭司職分來自上主的道，就不難明白為何改教運動高度重視教導上帝話語的教牧了。

不錯，每一位信徒皆是祭司，但不是每一位皆是牧師、傳道。而教牧的工作，不是成全自己，乃是成全聖徒，各盡其職。教牧職責也是工作，與平信徒的工作要求基本一樣嚴格，所有工作的目的是愛——無私的愛。然而，「我們愛，因為神先愛我們。」（約壹四19）

從拯救到批判：路德與莫特曼的十架神學

鄧紹光

針對中世紀由多瑪斯．亞奎那（Thomas Aquinas）為首所倡導的榮耀神學（the Theology of Glory），路德提出了十架神學（the Theology of the Cross）。在路德看來，這不純是一個認識上帝的問題，他要針對的並非上帝存在的論證，而是拯救問題。但拯救的問題又離不開上帝的本性與人的本性，三者構成不可分割的關係。

榮耀神學強調受造物具有反映上帝榮光的能力。亞奎那以果必然帶有因的痕迹來解釋受造物與造物主之間的相似性。於是，在存有論上，人作為受造物，雖是有限和充滿不完美，但在知識論上，人卻可以經由類比途徑而認識上帝。榮耀神學所認識的上帝因而是榮耀的上帝，可是這榮耀的上帝又與人的拯救有何相干呢？事實上，在整個認識的過程當中，受造物的殘缺不全即未受到應有的正視，只選取有限的完美予以無限擴大，這就不單由人來定義上帝的本性，並且高抬了人的地位，以為人的拯救乃在於不斷捨離有限和不完美，在實踐中克服人的軟弱，以此為榮耀上帝的努力。榮耀神學的問題正在於未能充分正視人的破碎殘缺對人自我完善具有決定性的否定，卻因以為人能反映上帝的榮耀而趾高氣揚，不可一世。

路德因深切體會人的罪性帶來的困鎖，未能認同這樣的一種神學思想。不單人因自己的破碎殘缺不能彰顯上帝的榮光，上帝亦因人的軟弱而從沒有直接顯明自己，正如摩西所見的只是上帝的背影，總是間接的。因此，上帝最高峯的啟示就在十字架上。路德説，認識十字架，不單認識上帝，且是認識上帝的拯救。上帝以屈就自己的形式顯明自己，也以屈就的形式拯救罪人。在榮耀神學中，人不正視自己的破碎殘缺，但路德的十字架神學卻叫人不得不因看見上帝在十字架上的受苦及死亡而反照自己的殘缺軟弱。於此，人要認識自己的本性，只能透過十字架上的基督：看啊！這就是人！（Behold! This is humanity!）人要認識上帝，只能透過十字架上的基督：看啊！這就是上帝！（Behold! This is God!）在十字架上，上帝與人和好了，人需要得救，就只有透過十字架上受難的基督。

十字架神學觸及了權力的問題。當代的德國神學家猶根．莫特曼（J. Moltmann）延續並發展了這一種思想。榮耀神學崇敬的是甚麼權力？當人把上帝視為人有限的無限化，則是一種嚮往無限權力的舉動。當人把人視為可以不斷在克苦己身的過程中，剝落有限和不完美而接近上帝，則是一種嚮往無限權力的舉動。無限權力是寡頭的，是不容許有限的，是壓制和同化異己的。在榮耀的神學中，無限的上帝，不可能承受苦難，進入死亡。在榮耀的神學中，人以成功為榮、為標準；漠視生命中的失敗者，鄙棄社會中的邊緣人。然而，上帝在十字架上的揭示，剛巧相反。上帝自己定義了權力。在承受苦難與進入死亡中定義了大能。真正的大能是能夠成為無能，真正的大能是為了分擔他人的軟弱殘缺而進入苦難和死亡的處境。真正的大能是愛。

十字架揭示愛的大能。上帝以反面的形式來到世界，否定了寡頭的能力；上帝屈就自己於羞辱、唾棄之中，否定了壓制和同化。祂尊重那有異於自己的他者，祂愛那異於自己且得罪自己的他者。在十字架上，上帝顯明了這一切。不是強權，卻是批判強權。

十架神學，是拯救的神學，也是批判的神學。因為所批判的對象是人對強權的偶像化，是榮耀神學的本質；而拯救，也就是破除這偶像，把人從其中釋放出來，在愛中活出自由，在自由中活出愛。

馬丁路德的靈性體會及教導

杜念甘

現代資訊社會日新月異，甚麼事物都講求快捷及即時的果效，教會處理問題亦往往短視，或片面地頭痛醫頭腳痛醫腳。面對教會更新這議題，人們往往跟風學效這教會的模式或辦那教會的活動，甚少探究過去至今日教會的社會文化處境，以及信徒的靈性景況及互動。

筆者認為，無論摒棄傳統或死守傳統，皆不能幫助我們更新教會，「返本開新」才是我們當走的路。返本是要求我們先認識自己的教會——宗派傳統，汲取其養分，再按現今的處境加以參照。

宗教改革的精神是回到聖經及初期教會的傳統去，除了叫教會得以革新外，對近代的社會發展亦帶來很大的影響。本文正欲透過介紹馬丁路德的屬靈遺產，尤其是他的靈性體驗及教導，盼能給華人教會一些啟發。

馬丁路德是宗教改革的奠基者，許多改革者都深受他的影響；而他改革的意念，是始於他自己的宗教經驗。

一、三個「惟獨」

在當時的教會教導、善行補贖，以及死後煉獄之中，馬丁路德得不著盼望及安慰；在修道院的苦行中，他也得不著平安及確據。他常問自己：「我怎樣才可得救呢？」經過他自己的努力尋索，結果發現人不能自救，在教導聖經時卻看見內中的應許，「惟獨信心」（*sola fide*）人便可稱義。因為人心裏相信就可以稱義，口裏承認就可以得救（羅十10）。今天我們要以信心衝破一切信仰的障礙。

上帝的義是白白賜予的，不是靠自己賺取的。路德提出「惟獨恩典」（*sola gratia*）使人從律法的綑綁中得著真自由，在生活中實踐愛。人往往誤解甚至濫用恩典，使恩典淪為廉價的。但如潘霍華所說，上帝所賜的乃是重價的恩典，是上帝的獨生子用自己的生命擺上的。在恩典中生活的人便對上帝發出感激之情（gratitude），使我們不再執著自己所擁有的，對人對事亦懷著敬意，不加宰制，不視幸福為必然。

信仰和生活的準則在哪裏呢？路德的答覆是「惟獨聖經」（*sola scriptura*），這叫我們不要為自己或別人確立另外的權威，上帝的話已把道——基督顯明出來。聖經亦不是法典，叫人死守或膜拜，它乃是基督的馬槽，它盛載基督、彰顯基督，我們要以福音的精神詮釋新舊約經文，以福音的精神活出肖似基督的生活。馬丁路德提醒我們：**經驗我們所認信的，實踐我們所宣認的。**

上述三個「惟獨」不是為抗議而抗議，乃是基督教會的信仰和經驗的柱石，確立了我們與上帝和好的關係，即藉著信心透過基督就可以直接來到上帝面前。

二、路德與奧祕主義

馬丁路德反對修院制度，反對苦修，但他怎樣評價奧祕主義呢(mysticism)？按何夫曼（B. Hoffman）所言，路德反對狄奧尼修（Dionysius）（六世紀著名作者，著有《奧祕神學》等書）的哲理化、科層化、理念式的奧祕主義，令人想到靠己力奔往天上尋找那冰冷無情的上帝。路德汲取明谷的伯爾納（Bernard of Clairvaux）的浪漫式奧祕主義，重視基督的人性，以婚姻的關係表示人與上帝的神祕聯合（參馬丁路德《基督徒的自由》），但亦批評他們缺乏內在掙扎。他深受陶勒（Tauler）及德意志神學（*Theologica Germanica*）作者等德意志奧祕主義影響，表達出罪所帶來的絕望及失落，並強調基督乃上帝的恩典。

路德在奧祕主義者中發現當下的上帝臨在經驗，與他深邃的主體宗教經驗相符。雖然他不是狹義的奧祕主義者，但他深受他們影響，他的教義主張與宗教經驗實在密不可分。

宗教改革的地區如德國、英國、低地的靈修傳統孕育了改革家的心靈，我們要認識陶勒（Tauler）、希爾頓（Walter Hiton）、朱莉安（Julian of Norwich）、甘碧士（Thomas Kempis）及雷斯博克（Van Ruysbrock）等人，也要檢視誰孕育了我們的心靈、我們的屬靈傳統。

三、路德的靈性體悟

路德所經驗的上帝是怎樣的呢？最初他懼怕上帝，在路途中遇見閃電行雷時呼叫亞拿（相傳是馬利亞的母親）。及後他體會到生命的至終意義，是敬拜那獨一的上帝，不是其他聖人，所以他反對人藉聖徒轉禱；但人怎樣能到達上帝面前呢？以賽亞先知說耶和華是自隱的上帝，人不能默觀上帝的本性，因為人是有限的受造物，這也是不順服所帶來的後果。但上帝啟示自己，藉眾先知，末後又藉基督顯示祂自己。上帝是隱祕的，但祂不斷自我啟示。我們要透過聖經及聖靈的光照認識祂。

上帝既然是超越偉大，我們的信仰是否完全被動，等候祂的降臨呢？路德用弔詭性的表達，指出信仰是完全主動的也是完全被動的。完全被動，因為在上帝大愛之無限給予下，只能接受；但完全主動，因為緊緊抓著基督。祂的生平、工作、死亡、復活等，都真正屬於我們的。無論祂的一切過去或現在，祂所能做的一切都是屬我們的。我們不能只強調被動的一面，也不能單強調主動的一面，我們要學習默觀者禱告中的行動，或實踐者行動中的禱告。

我們的靈命是否有階段呢？天主教有煉、明、合三階段，改革宗有稱義、成聖之旅。路德反對狄奧尼修的奧祕主義，自然反對階梯式靈修進程，他強調基督徒同時是罪人亦同時是聖徒，洗禮是屬靈生命的開始表徵，終生會不斷經歷悔改，直到回天家。他認為在人世間不能達致全然成聖，衛斯理的完全觀對信義宗來說是可能性極低的。路德提出在上帝面前（*Coram Deo*）主體性的當下經歷，不論過去或將來，重要的是此時此地此在的經歷。當我們感到自己有罪、不足和有限時，我們仰望十字架，那時就是最敬虔的。所以路德的靈程觀不明顯，沒有橫向的途徑，只有縱向的提升，仰望上帝。這是直指人心，強調內功（信心），不重招式，無招勝有招的靈性體悟，需大徹大悟之人方能深切體會，根氣粗淺的人要輔以其他派別的屬靈操練，如除罪、成聖等橫向途徑加以提點。

路德在教導理髮師彼得禱告時，展示出他的四環花冠。

他教人用經文禱告時要重複及反思。第一步是指導，看有甚麼是上帝的要求並信靠祂。第二步是感恩，帶來安慰、指引、幫助、堅強。第三步是認罪，承認並宣示我的罪及不配，悔改求恩。第四是祈求，「我的神我的主啊！求祢的恩典助我學習更認識祢的律法並憑信心誠意的活出來」。

這些指引不是方程式，乃是幫助我們集中心神，讓聖靈向內心宣告，光照我們的心思。路德在教導運用〈使徒信經〉默想時，強調代入經文的「我們」，使我們進入經文，安靜、聆聽上主。所以〈十誡〉、〈使徒信經〉等信仰條文，都可透過默想得著上主的光照及提示。

路德教導人認識上帝（學習神學）時要禱告、默想和考驗（受襲）（*Oratio, Meditatio, Tentatio*）。一、禱告，在內室跪下，懷著謙卑及誠意向我們暗中的父禱告。上帝會透過祂的兒子賜聖靈光照我們、帶領我們、讓我們明白。二、默想，不單在我們的內心，也要重複閱讀並再讀經文，留意並反思聖靈的引導。要學習如大衛反覆默想耶和華的話。三、考驗，教導我們去經歷上帝的話何等真實、甘甜、可愛、尊貴、安慰、智慧中的智慧。上帝的話在我們的內心扎根成長時，魔鬼便侵襲我們了，因他(魔鬼)的攻擊教我們更尋求及愛慕上帝的話。

歸納路德對禱告的教導，具有修院的靈性閱讀影子（*Lectio Divina*），包括閱讀、默想及祈禱，只省了默觀，缺乏靜止的默觀向度，自此密契向度淡化，此世關注則加強。至於路德的受襲，強調屬靈的掙扎、真實的經歷並抉擇，則是強調主體的參與經歷。成長不是安逸的，乃真實的掙扎和真誠的面對。路德的靈修雖著重主體的參與，但不是主觀的個人主義，因為他著重崇拜生活，在聖道和聖禮中，我們得著餵養，靈命得以充沛。

路德對圖像的了解

何崇謙

為了要駁斥Andreas von Karlstadt（一四八〇～一五四一，路德的大學同學）所提倡的全面毀滅形象（images）——包括畫像與雕塑——的行動，馬丁路德（一四八三～一五四六）寫了一篇名為“Against the Heavenly Prophets in the Matter of Images and Sacraments”的論文。

在此文中，路德堅持說：真正的基督徒不會受制於偶像（idols）與圖像（icons）的威脅，因為真正的信心不需靠攏外在之物，信仰是從人內心生發的，只有信，就足以使人得拯救。路德所關心的是：信徒最容易被「假靈和假先知」的不正確言論所操縱，無法自拔；而假先知的信息引誘人遠離天國之路。

為此，路德提出基本的途徑，以抗衡假先知的誘惑，這些途徑是：一、熱切祈求上主，對祂的聖言有正確的瞭解。二、恆常警惕由假先知所倡導的「屬靈掛名的運動」，特別留意這些活動是否會引導我們注目於外物，而忽視內在生命狀態。因為我們惟一的得救盼望，在於信心；而信心是可透過讀聖經而獲得甦醒的。只有信心能引發我們行善，結出善果；相反，工作的善行不能引發信心，毀滅圖像只是一項工作，不能使人成為基督徒。

路德認為基督徒的信心基於：一、上帝律法對靈性的宣講；二、福音書中赦罪與安慰的宣講；三、上帝的審判：對我們的教導；我們不是自我逼迫；四、善行是主所賜的；五、我們該向不信與野蠻的人，宣讀上帝的律法，以及律法所要求的善工，以使社會安寧。

路德伸延以上的第五點，來討論「滅圖像」行動。他認為「滅像」的工作並不那麼重大。而且，魔鬼最了不起的，就是專以瑣事來使基督徒羣體分心，不再專注於內在生命的更新。毀滅外在的形象/圖像是件小事。他指出：除掉內在那些能奪去我們的心的形象（internal iconoclasm）——才是大事。路德表示：「我所進行的滅像行動，絕不像Karlstadt那樣表面化；我會先以上帝的話來粉碎人內心的形象(偶像)，使他/她輕看它們，而能肯定偶像都是不值一文的。」

路德指出：人可靠賴讀經與信心的伸展，以抵擋外在偶像的騷擾和控制。因著信心，人就會對形象/偶像生厭，也不再追求新的形象/偶像；我們認識上帝，是透過內在的經歷（a purely internal movement）。外在的形象不會危害我們內裏的信心。

路德認為，只要不敬拜形象，形象是可以保留的。而且，我們可以運用形象以幫助我們在信仰上尋回記憶，並得著信心的提醒。Karlstadt 甚至主張，連基督的苦架像都被砍掉，不能存在於我們眼前，但路得說：當我們聽到基督釘十字架的事迹，腦海中就會自然產生主釘十架的圖畫或圖像。圖像是人類思想的一種基本方式，我們不能否定圖畫的存在，因此，他指出，人心內裏的偶像，諸如自以為義，在事奉上的自誇，對上帝不信靠等，才最具威脅性。

在路德看來，Karlstadt 的「滅形象/偶像」的行動是危險的，因為此行為霸佔了人的思想與生命的精力，使人忽略了基本的，內在生命中的信心活動；更不幸的是，這類行為會變得激烈，鼓勵反叛的精神，製造社會混亂和曲解聖經，有害生命的成長。

第三部分

改教運動之延續

加爾文的改教精神

鄭順佳

加爾文屬第二代的改革家，他所領導的改革無疑是建基於路德和慈運理等人之上。他承接第一代改革家的精神，是自然不過的事。第一代改革家遺下的寶貴遺產主要有二：「信徒皆為祭司」和「因信稱義」的道理。當然在這兩項寶貴遺產的背後，「回到聖經」是最根本的精神。改革家一致認為，「惟獨聖經」是信仰的規範。這並非抹殺教會傳統的貢獻，反倒把教會傳統置在合適的位置上，亦即服膺於聖經之下。

路德的改革較重教義一面，不少改革家認為他所倡導的改革未夠徹底，故衍生了激進的改革派。這些激進派對國家社會和文化多取否定的態度。加爾文的改教精神，可視為把路德的改革推前一步，卻避免落入激進派的極端，好讓宗教改革的精神能以落實，並且開花結果。

無疑路德和加爾文在背景上，存在著不少差異。其中首推生活處境。路德成長於鄉間小鎮，加爾文則來自城市。路德的教育背景是修院的訓練，並以奧古斯丁的傳統為主，加爾文則受大學的洗禮，帶著律師的訓練和人文主義的思想參與改革。路德改革以神學為主，加爾文卻關注社會和信徒的教化。這些差異均成為二人改教的分歧。

對加爾文來說，上帝的榮耀和上帝對世界的旨意比個人靈魂得救來得重要。個人靈魂得救可以成為自我中心的關注。他的生命歷程正好成為最佳的例子。他始終認為按著他的本性和意向，作學者對他適合不過。然而當教會的組織有待他建立，社會的政策和規範有待他參與塑造，他便毫無保留的放下自己的興趣和專長，回應日內瓦的呼聲，沒有自憐，也沒有後悔。無怪乎上帝的威榮和主權成為日後改革宗的重心。

宣講的復興是宗教改革的特色之一。加爾文尤其著重宣講，並視宣講為教會首要的責任，也是教會的神性任務。且看在日內瓦，主日的每句鐘皆有宣講，而周日也多有宣講的安排。加爾文一生的宣講亦不下三千多次。他相信宣講是上帝恩典臨到之途，藉以改變日內瓦的人心。與宣講相對應的，是以詮釋聖經為主導的講學。一五五九年日內瓦的學院開課時，不少人從歐洲各地前來候教，從而建立教導聖經作為改革宗的特色之一。

宣講當然離不開宣講的對象。人的責任是要聆聽上帝的道；人更需持續不斷的聆聽，好叫人能以修正人自以為聽到的東西。人若以自身的生命存在作起始點是為不當，反之人應以創造主的心意為焦點。既以主的心意為依歸，信徒便當以聖潔生活印證他們的信仰。信徒生活的目的，不外按著上帝的旨意過活。因此任何未能叫人得造就的神學或敬拜，理當加以審查。在神學上，加爾文能把因信稱義和成聖二者作平衡的處理，無奈在實際生活上，加爾文及後來的改革宗，卻往往未能持守二者的張力，以致偏重成聖一面。

側重成聖是有箇中原委的。加爾文看出就是人信了主，生活也可依舊，毫無改變。他的目標不單叫人得救，更要訓練和栽培信徒，成為上帝的僕人。上帝的主權當在信徒生活的每個範圍彰顯，好叫上帝得榮耀。生活的每個層面都不能脫離上帝的臨在，不能沒有上帝話語的引導。整個人必須在聖道和聖靈的帶領下，體察上帝的旨意，好使信徒能以服侍上帝。

從這點引申，不難理解為何加爾文看重紀律。對他而言，紀律理當成為信徒和信仰羣體的特色之一。紀律的生活不是在修院履行的，而是在世上活出的。內中包括工作的紀律。工作的紀律非單產生成果，更涉及社會和政治的改革。就加爾文和改革宗，並清教徒而言，紀律的生活並非成為背負的重擔，卻是人自由選擇的生活方式，生命的活力是在喜悅和責任中彰顯。

而就教會的標記，路德指出有二，宣講上帝的道和正確的施行聖禮。加爾文則加上紀律，作為第三項標記。紀律可比作人身體內的肌腱，把肢體連繫起來，好使教會發揮屬靈的生命力。無疑重視紀律是出於對耶穌基督尊榮的關注，因為祂是教會的頭。倘若教會對離棄福音真道的人加以容忍，則使基督的尊榮受損，定必惹來祂的忿怒。

加爾文把教會的崇拜作了不少改革。他的改革是以回復初期教會的崇拜模式為取向，並以聖經作準繩，好使崇拜從天主教的偏離，得以納入正軌。在這方面加爾文和路德皆高舉聖經，然而二人對聖經的應用卻大相逕庭。若説路德容納不與聖經相違的事項，則加爾文只容許聖經命定的禮儀。後者更認為各崇拜事項必須具造就性，而且得按理序進行，好叫敬拜蒙上帝悦納。

把禮儀簡化是加爾文改革崇拜的特色之一，好去除繁文縟節，令人不致分心。因崇拜並非為滿足人的五官之感受，而是把上帝當得的尊崇歸給祂。究其原委，此舉源自加爾文的簡樸原則。他反對一切繁瑣和浪費。他認為簡樸與真實及誠懇是互相呼應的。簡樸作為一般性的原則，不單適用於崇拜，也適用於教會政策和信徒的生活方式。他無法容忍任何行動或事項把實況遮蓋，正如昔日哥林多信徒喜愛高言大智，卻把福音扭曲。加爾文雖然著重修辭學，卻強調焦點應放在傳揚簡樸的福音，把實況和真理擺在人的面前。簡樸的原則，無疑成為日後改革宗的特色之一。

在改革以先，加爾文是個人文主義者兼學者，因此他的改革自然少不了對教育的重視。後來的改革宗羣體，建立教會的當兒也不會忽略設立學校。這些學校不單教導聖經，同時也教導各樣文科項目，並視學習為信徒的責任之一，著重語言、閱讀、寫作和說話的技巧；內中尤以清晰，合邏輯和準確的思想為要。這可見諸他的《基督教教義》。理智的訓練得與敬虔結合，自然不在話下。

著重教育不單為要懂得閱讀聖經，更指向加爾文的文化觀。在他來說，基督教和文化是不能作二元性界分的。他對人文學科和自然科學投信任票，並視聖靈為二者至終之源。當然一方面他致力反對星相學之假科學，另一方面他亦非單純地對當時文化照單全收。他堪稱基督教人文主義者，意即他所接受的人文主義，必須符合基督教信仰，亦即上帝的主權，聖道的權柄，人的墮落，恩典的必須性。換句話說，他無法接受人作為自身價值的創造性源頭。人文學科和自然科學並非自足的，它們必須建立在宗教信仰之上。因此加爾文對文化上的成就，既批判亦肯定，以致日後成為塑造文化的一鼓強大力量。

基督教和文化的非二元性，可說來自加爾文的另一信念：上帝的作為與人的作為的非對立性。自法自主，獨立於上帝的人類行動範圍並不存在。世上一切事物盡都在上帝主權之下。人類智慧的創造，除卻宗教信仰自是毫無意義，可是若置在信仰中，則可視為上帝賦予人的禮物，是藉聖靈能力貫注給人的。因此他對人類偉大的創作可作全盤的肯定，絕不感到尷尬。

是故人之為人，正正在人回應自然的狀態，服從上帝對人的創造。人必須與上帝聯繫方能實現自身。故他的名言是：人對上帝的認識和對自己的認識是相互依存的。墮落是與自然相違，是為不自然（unnatural），亦即沒有面對創造主旨意的問責，不依循上帝的律則。這扭曲雖然厲害，卻未至使世界與上帝的目的分隔。上帝遍在的恩典仍廣賜給世人，無分信與不信。罪人的自法自主不外對人的扭曲。加爾文遂為人類作極高的定位，卻絲毫不損上帝的尊貴和榮耀。

一言以蔽之，人至高的實現在於活在上帝主權之下。強調上帝的主權，容易引來誤解。加爾文並不以上帝為獨裁的暴君，卻視祂為偉大的建築師。當論及被造界，他常指出其宏偉建築，匠心獨運的設計，以啟示上帝的偉大和良善。上帝把理序賦予被造物，好叫各安其位，共同構成如斯壯觀，極富美感的傑作。

有了這項信念，並帶著律師背景，加爾文十分著重教會和社會的運作，行政自然在他的改革議程中佔一席位。對他而言，律法不單具抑制社會罪惡和定罪的功能，更具教化的效用。加上成聖在他思想中佔舉足輕重的位置，並與日常生活息息相關。故他有分參與草議日內瓦的法律，並致力去除城中敗德之風，例如禁娼妓。他又設立醫院和貧者住宿之所，訂下措施保障兒童的安全，及制定城市衛生的政策。因此信徒改革社會是責無旁貸的，而信徒的社會參與成為改革之特色之一。甚至有學者認為加爾文是立法者多於神學家，同時也是宣講者多於神學家。

就政治而論，加爾文指出統治者的權柄來自上帝，是被召於治理的職分，從聖靈領受統治的恩賜，故其權柄並非源自人民的意願。他接受統治者作為成文法（positive law）之源，卻堅持統治者不可凌駕其成文法之上。不單如此，統治者更需遵守自然法，內中以公平為主要原則。故加爾文一方面對統治者及其治理恩賜極尊重，另一方面卻為統治者設下權限。倘若統治者為自身所規限越權，便與召命不相稱，則下屬有責任抗衡統治者的所作所為，因為他們是上帝律令的維護者，以保障人民的自由不被剝奪。從這觀點推斷引申的含義，絕不可掉以輕心。

加爾文接納「信徒皆為祭司」的理念，指出上帝的召命沒有聖俗高低等次之分，人當各按其職分盡忠職守。他更把這理念推前一步，視生命每一範圍皆為回應上帝普遍召命的所在地，因為上帝的主權遍及萬事萬物，祂的眷顧達致我們生活中各項細節。有見及此，信徒便需在小事上用心和盡心。

加爾文認為宗教改革未能產生更大的成果，是有箇中原委的。關鍵在於人轉向了新的信仰，也未必意味著生命隨之改變，人會自然而然的成聖。是故政府和教會當同心攜手，培養良好市民兼上帝的僕人，好叫在生活的每個環節上，上帝的主權得以確立，並得著當得的榮耀。

參考書目

1. Kistemaker, Simon. *Calvinism: Its History, Principles and Perspectives* . (Grand Rapids: Baker, 1966).

2. Leith, John H. "The Ethos of the Reformed Tradition." in *Major Themes in the Reformed Tradition*, ed. by Donald K. McKim. (Grand Rapids: Eerdmans, 1992).

3. McNeill, John T. *The History and Character of Calvinism*. (Oxford: Oxford University Press, 1973).

4. Osterhaven, M. Eugene. *The Spirit of the Reformed Tradition*. (Grand Rapids: Eerdmans, 1971).

5. Reid, W. Stanford, ed. *John Calvin: His Influence in the Western World*. (Grand Rapids: Zondervan, 1982).

宗教改革運動精神與浸信會「傳統」

曹偉彤

浸信會的身分問題是一個眾說紛紜的問題。自從浸信會運動在十七世紀發生以後，浸信會信徒對這運動的來源有非常不同的詮釋。有人認為浸信教會的根源可直接追溯至耶穌基督、施浸約翰和使徒們的事迹；有人認為浸信會運動是起源於十六世紀在歐陸發生的重浸派運動；又有人認為浸信會運動是起源於在英國發生的宗教改革運動，尤其是當中的清教徒主義（Puritanism）和會堂主義（Congregationalism）。

在這三個主要的理論中，最後者的詮釋可說是大多數學者所接受的。不少學者都認為因為浸信會源於「英國的宗教改革運動」的緣故，它從「宗教改革運動」中汲取了不少養分。筆者試從這個角度去探討浸信會與宗教改革運動精神的相互關係，並在文章末後作出一點反省。

一、浸信會運動與宗教改革運動相互關係

大略來說，宗教改革運動的重要神學家如馬丁路德（Martin Luther）、慈運理（Ulrich Zwingli）、加爾文（John Calvin）、和諾詩（John Knox）等人的神學思想對浸信會信仰有極大的影響。其影響大概有四方面：（一）教會必須不

斷被更新改革；（二）「惟獨信心」；（三）「惟獨聖經」；（四）信徒皆祭司。

1. 教會必須不斷被更新改革　　羅馬天主教認為教會是基督的身體、基督的新婦，因此教會是沒有沾污和不能朽壞的。教會是絕對的、無誤（infallible）的權威。

相對而言，馬丁路德指出基督的福音已被當時在建制中的羅馬天主教教會所綑鎖和牢役；教會本是福音的使者，卻變成了福音的主人。因此，馬丁路德與加爾文、慈運理、諾詩等宗教改革運動巨匠認為羅馬天主教會已在朽壞中，斷不是絕對的權威。他們指出教會不但有錯失，並且教會的錯失還導致人們對基督的福音有錯誤的認識。因此，教會必須不斷被改革和更新。這種觀點就是基於著名的抗議宗原則（Protestant Principle）：教會不能宣稱自己為絕對無誤，因為這樣的宣稱就等於將教會的地位提升到神的絕對地位。

浸信會從宗教改革運動繼承了這種看法。他們明白教會是滿有限制，絕不是完美和絕對無誤的。教會惟有在神的恩典下，不斷委身於基督，順從祂的呼召，在祂裏面不斷改革和更新，方可達成神的旨意。

2. 「惟獨信心」　　路德警告當時的羅馬天主教已陷入「柏拉糾主義」（Pelagianism）的危機裏面：人們以為可以憑藉教會中繁複的聖禮制度和個人的禱告、功績、購買贖罪券等行為獲得救恩。路德針對這種錯失指出，一個人的得救並不能憑藉個人的功德、善行和努力。得救乃在於神的恩典；而恩典的獲得是在於「惟獨信心」上。這就是宗教改革運動所堅持的「惟獨信心」的道理（參羅三28）。

浸信會繼承這種「惟獨信心」的看法，強調「惟獨信心」

以達到蒙救贖的道理。然而，浸信會與宗教改革運動的神學家在救贖的著重點是有所不同的。當宗教改革家談及救贖的問題時，他們的焦點是在因信稱義的稱義方面（justification）。對他們來說，稱義是指人在上帝面前被宣稱罪得赦免而可成為義。而當浸信會信徒談及救贖時，他們則強調重生得救的重生方面（regeneration）。對他們來說，救贖是新生命的開始，人因此能進入上帝的家裏。

3.**「惟獨聖經」**　羅馬天主教相信啟示有兩個來源：聖經和教會的傳統。一方面他們相信聖經是上帝的話語；另一方面，他們相信歷代大公教會會議所達成的信條和教皇的言訓指令都代表上帝的話語。換句話來說，聖經和教會的傳統同具終極的啟示權威。

宗教改革運動者反對羅馬天主教「二源說」中的第二項說法：即羅馬天主教以教會傳統為啟示的觀點。宗教改革運動者力言：上帝的啟示只有一個來源；聖經是上帝的啟示的惟一終極來源。因此，他們不能接受教會、信條、並教皇的教導可與聖經有同等權威的論調。這種觀點便是著名的「惟獨聖經」的看法。

然而這種論調不是意指宗教改革者要全盤地排除教會傳統的重要性。事實上，宗教改革運動者相信傳統仍是重要的。他們只是不能接受傳統與聖經有同等權威性的看法。這從加爾文的神學思想中清晰可見；他著名的《基督教教義》（*The Institutes of the Christian Religion*）便是對使徒信經的系統性闡述。

「惟獨聖經」的觀點在浸信會的信仰中是非常明顯的，這可從浸信會的三百多年歷史中清晰見到。例如：《英國人士在荷蘭的阿姆斯特丹的信仰宣言》指出聖經是信徒在何時何地所必須遵行的最絕對和最完美的指引。在《倫敦第二個的信仰宣言》中，我們可以見到同樣的聖經觀點：「聖經是關乎救贖知識、信仰……等自足的、絕對、無謬的原則……因為聖經是上帝的話語。」浸信會一直以這「惟獨聖經」的觀點作為信仰最終極的基礎。因此，對每一個浸信會信徒來說，聖經是信仰生活最高的指引；所有的信仰原則必須在新舊約聖經中尋得。這可從浸信教會裏的宣講、主日學課程的編排、並神學院的課程講授裏具體可見。由於浸信會的身分很明確地建基在「惟獨聖經」的原則上，有人笑稱浸信會信徒是「聖經信徒」；亦有人說浸信會神學是「非常聖經」的神學。從這裏可見，浸信會「惟獨聖經」的看法與宗教改革運動的「惟獨聖經」思想是一脈相承的。

然而，有一些神學家認為浸信會的「惟獨聖經」信念比宗教改革運動者的看法更前衛或激進。浸信會「惟獨聖經」的看法是要倡議信徒直接回到聖經的世界中，以吸取並實踐在聖經中的原則，而毋須理會和憑藉聖經外任何教會傳統（例如早期教父的神學、使徒信經等等）。對於大部分浸信會信徒來說，聖經是自足的；聖經便是他們的信條。

4「眾信徒皆祭司」　在宗教改革運動以前，西方的教會的一般聖禮都是由男性的聖職人員所負責。一般的信徒鮮有機會參與教會中的事奉。在十四、十五世紀期間，羅馬天主教陷入極黑暗混亂的情況。在教廷裏面充滿著鬥爭；信徒要給予聖職人士相當的金錢才可以在教會裏面進行浸禮、婚禮、和葬禮等等。

馬丁路德與其他宗教改革運動者反對這種作法。在《基督徒的自由》一書中，他強調每一個基督徒都有作祭司的自由；每一個基督徒都有自由與上帝交通。他更指出「眾信徒皆祭司」的道理不只表徵著信徒有作祭司的自由，同時也指出信徒須負上以生命當作活祭獻給上帝的責任。

著名歷史學家麥尼拉（John T. McNeill）認為「眾信徒皆祭司」的道理在敬虔主義、循道宗、貴格宗、長老宗，和浸信宗扮演非常重要的角色；其主要精神在於強調信仰羣體中的相互指引，而非架構性的由上而下的權力管治形式。浸信會中「眾信徒皆祭司」的道理正是要表達麥尼拉所謂信仰羣體中的相互指引的意念。相互指引就是指個人可以直接從神那裏得到啟示，並且與其他肢體互相參照，以聆聽神透過各肢體所展示的啟示。換句話來説，信徒毋須聽命於一個架構性的制度，或是羣體中的小撮領導人物；而是在聖靈的引帶下直接聽命於基督，接受祂的指引。

大略來説，浸信會中有關「眾信徒皆祭司」的看法與宗教改革運動家的觀點（尤其是路德的觀點）有相近的地方：他們都強調信徒有作祭司的自由，可與神交通。然而，浸信會的「眾信徒皆祭司」思想中的自由觀亦有其激進的獨特處。這可從浸信會神學家梅廉斯（E.Y. Mullins）在一九〇八年出版的《宗教定理：關於浸信會信仰的一個新詮釋》一書中可見。梅廉斯（Mullins）指出每一個信徒在神的面前都是平等和自由的。每一個人都能夠自由地、直接地去到上帝的面前，而毋須透過任何中保團體（例如神父、主教、教會、和政府等等）去明白上帝的旨意。這種自由觀是建基於「每一個人都有良心」的假設上。

基於這種自由觀，浸信會信徒質疑一切權力過分集中的體制和做法。對他們來說，其他宗教改革運動所衍生的宗派如路德會、聖公會、循道衛理會和長老會等等，仍未能貫徹「眾信徒皆祭司」的自由精神。因為這些宗派仍舊沿用主教/長老制度；這些都是權力過分集中的體制。他們認為權力不應該由上至下的，而是由羣眾在聖靈的感召下共同磋商出來的。因此，浸信會強調信徒需運用良心去對抗教會中的專權體制；去糾正僵化的宗教傳統。這樣看來，浸信會的「眾信徒皆祭司」思想比其他宗教改革運動衍生出來的宗派所遵行的「眾信徒皆祭司」思想更激進。

二、反省

從上述四個主要的義理中（尤其是「眾信徒皆祭司」的義理），可見自由是浸信會信仰的一個很重要的命題。浸信會信徒很多時候都喜歡引用加拉太書第五章1～10節、13～15節去指出自由對浸信會信徒的重要性。他們強調要成為浸信會信徒，就必須要有自由：有自由去直接遇見上帝和聆聽聖經裏上帝的話語。

然而，有人質疑浸信會這種自由精神會否產生一種個人主義色彩濃厚的「純聖經主義」（Biblicism）。一方面，假若每一個信徒聲稱可以從上帝那裏直接獲得啟示，那就會否叫人易於陷入私意解經的危機裏？另一方面，浸信會是否因過分強調信徒有詮釋上帝的話語的自由權和聖經的終極地位，卻矯枉過正地全然低貶了教會傳統地位，低貶信經的重要意義，而成為一種激進的「純聖經主義」（Biblicism）？

這種種質疑是否言之有物？要回應這質疑，我們可先從質疑的前半部分著墨：浸信會的自由精神是否真的代表個人主義，使人陷入私意解經的危機裏？在此讓我們進深一點討論梅廉斯的有關看法。

梅廉斯在其《宗教定理：關於浸信會信仰的一個新詮釋》一書中，不但提出每一個人都有與上帝直接契通自由的原則。他更指出從這重要的原則中可歸結出以下六個定理。（一）神學的定理：聖潔和慈愛的上帝是滿有權柄的和至高無上的；（二）宗教的定理：每一個人有同等的權利去與上帝有直接的契通；（三）教會性的定理：每一個信徒在教會中有同等的道德權利；（四）道德的定理：每一個人需要享有自由以秉承應有的責任；（五）宗教與公共的定理：在一個自由的社會和國家中教會應享有自由；（六）社會的定理：人要愛鄰居如愛自己一樣。

從梅廉斯上述有關定理中可見，浸信會信仰中的自由精神斷不是一種「自己顧自己」的偏激個人主義。雖然這些定理的著眼點在於強調信徒都可有與上帝直接契通的自由，但從定理四和定理六中可見：自由與責任是緊緊關連的；人可享有自由，但也要負上愛人如己的社會責任。

除此之外，我們亦可從浸信教會信徒的生活實踐中見到自由的羣體性格——自由必須在羣體的指引中發生。羣體的指引很多時候都在浸信會的主日學、月會、年會和特別會議當中見得。浸信會信徒除了相信各「自由人」可直接地從上帝那裏得到上帝的話語之外，他們還深信所有「自由人」要在主日學、月會、年會和特別會議等聚會中尋覓上帝透過其他肢體所展示的指引。因此，浸信會所實踐的自由是一種在羣體中的自由；在上帝的話語裏面的自由。從這角度來看，浸信會「眾信徒皆祭司」中的自由觀絕不是個人主義，而是一種個人與羣體兼備的自由思想。真正的自由須發生於個體與羣體的張力間。這樣看來，浸信會所強調每一個信徒可有自由從上帝那裏直接獲得啟示的說法，是具有相當濃厚的羣體意識的。

所以，從理念層面來說，浸信會的自由思想並不一定會帶來私意解經的危機。當然，話說回來，這樣的申論並不是要強辯浸信會中沒有個人主義和私意解經的例證。事實上，在浸信會的歷史當中，我們亦見到：每當教會未能保持個體與羣體的張力時，信徒就偏向個人主義，而墮入私意解經的陷阱裏。然而，我們不可因此便抹殺浸信會自由思想中的羣體意識。我們要體諒：理想的實踐是不容易的；每個理想在被付諸實踐時都常會被扭曲過來。

除了要解答有關浸信會的自由精神會否帶來私意解經的危機外，我們還要處理質疑的後半部分：浸信會是否因過分強調信徒有詮釋上帝的話語的自由權和聖經的終極地位，卻矯枉過正地全然低貶了教會傳統地位，而成為一種激進的純聖經主義（Biblicism）？

至於後者有關「純聖經主義」的批判，筆者則有所共鳴和認同的。

過分「單純聖經主義」的「惟獨聖經」思想帶來一定的難題。其一就是因忽略傳統的重要角色，而帶來薄弱的歷史意識。薄弱的歷史意識帶來了一些詮譯聖經的困難。舉例來說，假若「惟獨聖經」的看法旨在倡議信徒必須直接返回到聖經的世界中，而毋須憑藉任何教會傳統的幫助的話，問題是：我們能否飛越二千多年的歷史，好像時光倒流般親臨耶穌和早期教會的時代與處境，親身目睹耶穌和使徒的事迹？

要回答這個問題，我們必須在這裏稍討論傳統的重要角色。傳統原文字面意思是指「所被傳遞的」。初期教會教父愛任紐（Irenaeus）解釋傳統為使徒時代教會所要忠心保存的信仰原則；這些信仰原則是可以從聖經的正典中歸納出來的。巴特（Karl Barth）在《教會教義學》中指出，教會傳統是教會在不同年代間對上帝話語詮釋的有關記錄。他認為教會傳統是必須被愛護和尊敬的；縱使傳統並不可與聖經之終極啟示地位相提並論。巴勒根（Jaroslav Pelikan）在他著名的《教會的傳統》中聲稱，教會傳統是關乎教會基於上帝的話語上的認信、教導和宣信。從這些言論來看，教會傳統可說是信徒在不同年代、在不同處境中對聖經詮釋心得的累積。因此，教會的傳統歷史便是教會對聖經詮釋的歷史；是歷代信徒對耶穌基督所啟示的詮釋歷史。從這個角度來看，教會傳統是寶貴的時光走廊；人可以神遊其中，細賞並吸取先賢對耶穌基督所啟示的詮釋心得。換句話說，人們在聖靈的指引下可透過教會傳統這路徑，更有效地明白聖經的真理。

若從另一個角度去商議，我們也可以指出當每一個信徒要詮釋聖經的時候，他是不能全然排除其背後傳統的影響。因為人類是歷史的存有。人身處於特定的傳統裏面，須負上創造、繼承、更新及傳遞傳統的歷史權責。這就是人作為創造物的其中一獨特性格。這樣，信徒在批判其身處傳統的偏頗地方時，就不能全然超越其教會傳統的影響。所以當宗教改革運動家路德要重新詮釋聖經，以超越、更新和糾正當時羅馬天主教傳統中的錯失時，他仍然受到天主教的傳統所影響。他所倡導的「新」神學思想仍然富有天主教的神學色彩。這可從其聖禮的觀點中察見一斑。這樣說來，假若我們所堅持的「惟獨聖經」看法是要排除傳統的角色的話，那麼我們就忘記了一個重要的事實：每一個人都活在一個傳統裏，受到傳統的約制和影響；而傳統或多或少必影響著我們如何解釋並且運用聖經。

從上述兩個角度來看，我們作為浸信會的信徒必須認真地思考這些問題：教會是否真的能夠產生一種不受教會傳統影響的「純聖經」神學？浸信會神學及其對聖經的詮釋是否在不知不覺間已受到「後宗教改革運動」的傳統所影響？

再從另外一個角度去思索，我們或許要提問以下的問題：浸信會本身是否也是一種傳統？

如前所說，不同的教會傳統是教會在不同的年代、不同的處境對耶穌基督的啟示的不同詮釋記錄。易言之，這些不同的詮釋記錄都有其獨特的義理和精神。浸信會運動也是在表達出一種獨特的義理和精神。梅廉斯（Mullins）指出：浸信會「傳統」的精神在於強調每一個人能自由地向上帝有所回應。因此，它必抗拒一切使自由僵化的信條主義和禮儀制度。這樣，浸信會本身是一種著重自由的「傳統」。它是一種去抗拒那些僵化信仰的古舊傳統（尤其是那些崇尚權力集中的傳統）的「傳統」。因此，當我們（浸信會信徒）高唱「惟獨聖經」以抗拒教會傳統時，我們須省覺到浸信會也是一種傳統，並且意識到我們對聖經的詮釋和實踐都是受到浸信會的「傳統」所影響。事實上，浸信會的傳統很多時候都會成為一條鑰匙去詮釋並運用聖經中的真理。

總括來說，我們可以見到浸信會是一種「傳統」；與宗教改革運動的傳統是息息相關的。浸信教會從改革運動繼承了非常重要的遺產：教會是不斷要在改革中；惟獨聖經是上帝的話語；惟獨藉著信心，救恩才能成就；每一個信徒在上帝的面前都是祭司。在這基礎上，浸信會已發展出其「自由」的傳統。然而，浸信會「傳統」還須效法宗教改革運動家的典範：不僅要堅持「惟獨聖經」的原則，以聖經的亮光去批判傳統中扭曲、錯誤的地方；另一方面，也要以謙卑的態度去從不同年代、不同的教會傳統中吸取寶貴的經驗。一方面我們要批判傳統，另一方面我們要接受傳統。我們要明白一個重要的事實：聖靈不僅要我們超越教會傳統的錯失，另一方面也要我們活在教會的傳統裏。

這樣看來，只要我們對「傳統」採取上述較彈性和正面的看法，浸信會「傳統」便可以與其他宗教改革運動所產生的宗派「傳統」進行更深一步的對話。浸信會「傳統」在「惟獨聖經」的旗幟下，可與不同的教會傳統（長老會、循道衛理會、信義宗等等）彼此學習——學習不同的宣講、教導、信仰宣言、禮儀和屬靈操練的典範；並從中更深入明白不同的教會傳統如何在不同年代及不同處境中詮釋並回應在聖經中上帝的話語。惟有在這種精神下，教會就能不斷改革，繼續實現宗教改革運動的精神。

歐洲大陸宗教改革思想對英格蘭教會的影響

郭鴻標

一、引言

英格蘭教會（The Church of England）的改革當然受著英格蘭本土歷史因素的影響，可是歐洲大陸宗教改革思想對英格蘭教會的影響亦不能忽視。本篇文章主要從教義學的角度探討英格蘭教會的三十九條條文（The Thirty-Nine Articles）中，承繼歐洲大陸宗教改革家的思想痕迹。至於英格蘭教會的改革歷史則不在本文範圍以內。

二、歐洲大陸信義宗與改革宗教義對三十九條條文的影響

三十九條條文的前身是四十二條條文（Forty-Two Articles），在亨利八世（Henry VIII）的繼任人愛德華六世（Edward VI）推動底下，透過大主教多瑪克藍瑪（Thomas Cranmer）在教義上的改革，教會總議會於一五五三年三月通過四十二條條文。愛德華六世駕崩後，由女王瑪利（Mary）繼任，反對宗教改革，努力恢復天主教的原貌，大主教克藍瑪殉道而死。至女王伊利沙伯一世（Elizabeth I）時期（一

五五八～一六〇三），恢復支持宗教改革，大主教馬太．柏加（Matthew Parker）修訂四十二條條文，成為三十九條條文，並於一五六三年一月十三日提交上議院，一月二十三日提交下議院通過。拉丁語版本在一五七一年作出修正，同年將拉丁語版本翻譯成英語。[1]

在修訂的過程中，三條針對重洗派的條文，第三十九、四十、四十二條的條文被省去，原因是時移世易。第三條論基督下到陰間的一部分也被省去。第二十八條論聖餐中刪除了帶慈運理（Ulrich Zwingli）反對主耶穌身體無所不在（ubiquity）與及基督的聖體寶血臨在聖餐餅酒之中的思想，取而代之是以傾向約翰．加爾文（John Calvin）的思想：「在聖餐中基督的身體僅是屬天靈地給了，取了，吃了，而在聖餐中領受並吃基督身體的工具乃是信。」第二十條加上了「教會有權柄設立禮儀規例，並有決定信仰之辯論的權威。」此句引自一五五二年信義宗教會的胡騰堡信仰告白（Confession of Wuertemberg），針對激進改革家否定教會有權設立經文沒有明確准許的禮儀。[2]

三十九條條文成文於羅馬天主教天特會議信條訂定以後，亦在信義宗及改革宗訂定信條的時間以後，因此更能反映其在教義上反對羅馬天主教的地方與及在信義宗及改革宗之間選取適合自己的教義立場。第一及第二條，論三位一體和道成人身的教義，表明英格蘭教會在信仰上承繼大公教會的信仰精神，這兩條教義的內容主要依照一五三〇年信義宗的奧斯堡信條及一五五二年的胡騰堡信仰告白。[3]第五條論聖靈近乎字面地引用胡騰堡信條論聖靈的部分。[4]第十一條的修改更清楚顯出信義宗論稱義的立場。第十二條論善功亦是引用胡騰堡信條論善功部分。[5]第十九條論教會中提及「凡是誠心相信的人，聚集成會，傳講上帝的正道，遵守基督的命令以施行聖禮，不遺棄聖禮中的要事……」亦承繼自信義宗教會觀。[6]至於改革宗對三十九條條文影響的部分，以第十七條論預定和揀選最為明顯，不過沒有加爾文那種雙重預定論的含義，指墮落的人都是上帝所預定的。

當然歐洲大陸信義宗及改革宗思想對英格蘭教會三十九條條文的內容有重要影響，不過我們亦不能忽視英格蘭教會在制定三十九條條文的時候，主要針對自己的獨特歷史文化及政治的處境，三十九條條文中最後八條反映英格蘭教會秩序與政教關係，例如第三十七條論國家長官，指出英女王伊利沙伯擁有管理其國土及教會的權柄。另一方面，英格蘭教會在推動宗教改革的過程中，選擇折衷之路（*Via Media*），在羅馬天主教與及信義宗和改革宗之間，尋求一種新的整合。

三、英格蘭教會的折衷之路（*Via Media*）

英格蘭教會的折衷之路，可說在女王伊利沙伯一世時期形成。《公禱書》的制定反映英格蘭教會的崇拜禮儀傾向羅馬天主教多於基督新教（Protestant，或譯更正教），可是三十九條條文則反映教義上傾向信義宗與改革宗的立場。

在伊利沙伯一世去世（一六〇三年）以後，部分期望英格蘭教會更加徹底地仿效改革宗模式改革的清教徒（Puritaus），要求英皇雅各一世（James I）支持，可惜英皇雅各一世反對，並且繼續支持建制教會，即安立甘教會（Anglicans）。「安立甘宗」的原意是表示非清教徒主義（non-Puritanism），在回應清教徒的挑戰與及自我定位的過程中，「安立甘宗精神」（Anglicanism）漸漸確立，其中以理察．浩嘉（Richard Hooker）所作的*Laws of Ecclesiastical Polity*為代表，塑造安立甘宗兼容羅馬天主教與宗教改革家的傳統。安立甘宗由英格蘭發展到世界各地，香港則翻譯為「聖公會」，來自世界各地的聖公會（或稱安立甘）教會，組織成為聖公宗團契（Anglican Communion）。

四、聖公宗團契的神學著重點

聖公宗團契可分兩個形成階段，第一階段是在十七世紀的英國，然後在殖民地擴展下將聖公宗精神傳至澳洲、加拿大、新西蘭、南非及美國。第二階段由十八世紀開始，英倫三島的教會與及上面所提及的教會在世界各地播下聖公宗教會發展的種子。

聖公宗教會根據聖經，藉著傳統、學術研究及理性的解釋，傳揚使徒及大公教會的信仰。聖公宗信仰及教制的特色在《公禱書》、十六及十七世紀的*Ordinals*及一八八八年蘭柏會議所通過的芝加哥四綱領中表達出來。而芝加哥蘭柏四綱領可說是聖公宗團契對信仰與教制的基本立場。

1. 舊約及新約聖經乃上帝的啟示。
2. 尼西亞信經的內容足以表達基督徒的信仰。
3. 洗禮及聖餐二聖禮是根據基督的應許設立。
4. 歷史的主教制。

所以承繼英格蘭教會傳統的世界各地聖公宗教會，一方面秉承折衷之路的精神，兼容羅馬天主教與及基督新教的精粹，同時引進本土屬靈經驗，一同塑造今天普世聖公宗精神。

五、總結

英格蘭教會的改革，受著歐洲大陸信義宗與及改革宗教義的影響，同時基於英格蘭本土的歷史文化及政治因素，選擇一條折衷之路，兼容羅馬天主教與及基督新教的精神。我們不能單從禮儀的角度評定英格蘭教會接近羅馬天主教，我們需要從三十九條條文中反對羅馬天主教教義的部分與及承繼自信義宗與改革宗教義的部分了解英格蘭教會同樣接近基督新教。

註釋：

1. 湯清編譯：《歷代基督教信條》（香港：金陵神學院託事部／基督教輔僑出版社，1957），頁209-210。

2. 同上，頁211。

3. 同上，頁212。

4. Bernard M.G. Reardon， *Religious Thought in the Reformation* (London: Longman, 1981), p.271。

5. 同上。

6. 同上。

衛斯理的稱義與成聖觀

李景雄

約翰·衛斯理（一七〇三～一七九一）的年代與改教運動的第一代（十六世紀中葉）相隔兩個世紀。衛斯理所觸發的復興運動（始自一七三八年）和馬丁路德所發動的改教運動可相題並論嗎？當然，事過境遷，兩個運動有不相同的地方，可是在某些方面兩者一脈相承，互動之下，在基督教歷史的巨流中產生澎湃的波濤。

一、衛斯理的稱義觀

衛斯理在倫敦亞爾德門街「心感奇異的溫暖」經驗是他心旅歷程的一個重要轉捩點，與此同時亦激發了一股教會復興浪潮。他在日記這樣寫到：

「一七三八年五月二十四日……晚上我勉強走到亞爾德門街的會社。那時有人正在讀路德為保羅致羅馬人書所寫的序言。約八時三刻，那人講述藉著信賴基督而得之內心改變，我的心感受到奇異的溫暖。我感覺我實在惟獨信靠基督，惟獨信靠祂便得救。我就如此確信主已經脫去我的罪孽，是的，我的罪孽，祂已將我從罪的律法與死亡中拯救出來了。」

這件事在衛斯理宗的信徒中已是家喻戶曉，而短短的記錄實在藏著可貴的線索讓人更深了解衛斯理的靈性生命的開展。不過，怎樣去詮釋，還要看看功夫。

大多數人受「心感奇異的溫暖」的詞語迷著。衛斯理的思維及佈道不錯有熱忱的一面，但這不是事情的核心。又不少人著重衛斯理在此事上的「確信」，認為對自己得救的確信，甚至可追溯到何年、何月、何日、何時發生，乃是衛斯理宗的一個特徵。這種所謂「確信」是外形，不是實質。確信的實質是甚麼呢？這才是事情的核心所在。衛斯理宣明，「惟獨信靠基督才得救」，這是他所確信的。能夠確確實實地認定信仰的實質，那就是說：信仰堅定；熱忱加強，何足為奇？

亞爾德門街經驗兩三個星期過後，約翰衛斯理以〈因信得救〉（"Salvation by Faith"）為題，在牛津講了一篇道。那篇道的引題經文出自以弗所書二章8節：「你們得救本乎恩，也因著信。」這篇道開宗明義的說，恩典是得救的本源，是得救的條件。本源，以其來自上帝；條件，相對於人的回應。何謂「得救」？得救是從罪拯救出來。罪包括種種罪過、原罪及實在的罪、過去及現時的罪、肉體及精神的罪。可見罪是遍布的。衛斯理不致於說人性是全然敗壞的；但人絕對不可以離開上帝而得救。同一篇講章聲言「稱義」（justification）為得救（salvation）的一個環節。衛氏在此順帶又說稱義不應與聖潔分截為二。

另外一篇講章以〈因信稱義〉（"Justification by Faith"）為題。該講章用羅馬書四章5節為引題經文：「惟有不作工的，只信稱罪人為義的上帝，他的信就算為義。」中文「稱義」比英文"justification"更加直截了當。英文翻譯源自羅馬法庭的詞彙，宣告被告者無罪。按照保羅的意思，稱義是相應不義者而言：不義之人憑著信而堪稱為義人。信甚麼或信誰呢？信施恩的上帝，亦即信祂的恩典。「信」是相信的信，也是信心的信。「因信稱義」就是，本來是不義之人因為相信在耶穌基督裏的上帝恩，於是被赦免而此後可稱為義人了。中文的「義」字可解作公正合宜的行為和道理。保羅講“righteousness”時也就是指公正合宜的行為，這種行為乃是遵守上帝公正合宜的道理。衛斯理緊隨保羅的論調。湊巧得很，這樣循中文的字義去闡釋恰好捕捉保罪的原意，那亦是衛斯理的意思。這篇「因信稱義」，猶如「因信得救」那篇，強調因信上帝的恩典才得以稱義，而不是靠好行為去博取上帝的同情。

雖然這篇主要是講稱義，但又提到成聖（sanctification）。成聖是稱義的「立即果實」（immediate fruit）。以後衛斯理多番申述成聖之道，以恩典將「完善」（perfection）或聖潔（holiness）連結一起。這是衛斯理的一個神學特點，就是以恩典貫穿稱義與成聖。[1]

一直說到這裏還是搬出一大堆理念，這些理念既基於保羅的思想，復吻合馬丁路德的口氣。衛斯理有沒有突出之處呢？現在追溯至他在亞爾德門街經驗之前的幾件事。

第一件事是約翰和弟弟查理士在牛津大學就讀期間組織一個「聖潔會社」（Holiness Club）。當時牛津大學正反映當日的英國社會，道德紀律散漫，宗教氣氛薄弱。有見及此，衛斯理兩兄弟，約翰和查理士，還有幾位敬虔的同學，經常聚集在一起，加緊屬靈操練，包括祈禱讀經、閱讀屬靈書籍、關懷貧窮的人、探望囚犯等等。會社成員對聖潔的追求是認真的，因此「聖潔會社」名副其實，而又因為謹守紀律，做事有規則，其他同學笑謔他們為「循道者」（Methodists）。（後來衛斯理和他的同道們乾脆採納了這個綽號為正式名稱。）從他們所尊崇的人物，如英國教會傳統內的虔誠派作家耶利美·泰勒（Jeremy Taylor）、威廉·羅（William Law）、英國及歐陸的清教徒、天主教的神修名師或名著，他們注重內在的靈性素養。聖潔會社的成員，包括衛斯理兄弟倆，以為他們已經是耶穌基督的忠誠追隨者，從來沒有懷疑他們是否已經得救。

第二件事是衛斯理兩兄弟接受徵召去美洲英國殖民地佐治亞（Georgia）擔任傳道工作。他們於一七三五年十月抵達佐治亞，查理士任殖民地官的祕書，約翰專職擔任傳教。查理士不久便發覺他不適合殖民地的風土人情，不足一年便辭去職位，返回英國去了。約翰當初滿腔熱情，一心向印第安土人宣教，但很快便自知此事談何容易，於是退一步把事奉工作集中在移民羣體中。豈料人事複雜，他遇上種種困難，並在處理一件關乎婦人的事上碰了釘子，使他不能順利推行傳道工作。

話説衛斯理當時看上一位少婦名叫蘇菲·合磯（Sophy Hopkey），有意娶她為妻。由於她有其他的愛慕者，而衛斯理又猶豫不決，結果蘇菲許嫁給另一位向她求婚的男士。衛斯理頓起嫉妒之心，有一次蘇菲準備參加聖禮，他聽了其他婦女的謠言，認為她不合教會的法規，禁止她領受聖餐。不管誰是誰非，衛斯理顯然為了蘇菲這件事忐忑不安，加上他在佐治亞的傳道工作遇到挫折，令他鬱鬱不樂，黯然離開美洲，返回英國，其時是一七三七年七月。他在船上時有一段日記記錄：「我遠途去美洲，一心想去教化印第安土人，可是，啊！誰來感化我呢？」他對自己是否靈性上已經得著了，開始自起疑惑。

衛斯理於兩年前從英國渡海前往美洲之時，遇上大風浪，船上有一羣莫拉維派（Moravian）的教徒，雖然海浪翻騰，他們卻表現出一種泰然信賴上主的決心，衛斯理深受他們內心的堅定所感動。抵達佐治亞之後，他也曾經聯絡莫拉維的團體。他們的領袖施旁恩伯（A.G.Spangenburger）曾問衛斯理：「你知道不知道耶穌基督已經拯救了你？」他當然知道基督是救主，但他沒有就自己的生命去回答那問題。他返到倫敦之後，又繼續與莫拉維派的人士聯絡。約翰和查理士跟莫拉維派的朋友在靈性上的相遇是我在這裏要提及的第三件事。

在倫敦衛斯理兄弟多次去拜訪當地的莫拉維領袖彼得．貝勒（Peter Bohler）。一七三八年三月初查理士單獨與貝勒討論信仰問題。貝勒問查理士有何根據知道自己已得救。查理士回答：「我已經盡了最大的努力去事奉上帝。」貝勒搖頭，表示有所猜疑。查理士心不服，這麼多年來，他和他的事奉，打從在牛津聖潔會社追求聖潔，他不是以基督為生命的依歸嗎？貝勒再三叮嚀：「僅靠自己的力量無法得救，我們必須仰望基督，在上帝裏的基督，接受祂的憐憫，祂的赦免和更生的恩典，惟獨倚靠上帝恩方始獲救。」

與此同時，自約翰從美洲回到英國之後，已經對自己的信心有所動搖。一七三八年四月底他又去見貝勒，他們在討論聖經啟示亦經驗證明的問題。貝勒召集三位同道由他們的生命去見證信賴基督與罪得赦免是不可分割的。約翰．衛斯理於是下決心不再依賴任何善行及自己之義，而將一切信賴放在耶穌為他而流的血，如此一來，才得以稱義、成聖、救贖。

且說查理士於五月十七日，身體軟弱，另一位莫拉維弟兄，威廉．荷蘭（William Holland）帶給他路德為保羅致加拉太書撰寫的序言。他讀到路德註釋二章20節那節經文：「我如今的肉身活著，是因信上帝的兒子而活，祂是為我，為我捨己。」路德問：「那個『我』是誰呢？是如常在肉身活著的我嗎？」查理士亦同樣問自己：「那個『我』是如今在肉身活著的我嗎？」

三天之後，聖靈降臨節，早上查理士從病牀起來，身體康復，精神煥發。晚間約翰和幾位同道來問候，他歡呼說：「我信了！」那天查理士．衛斯理的生命經歷一個大轉變。以後他作大量美妙的歌詞去頌讚上主的恩典。

那天是五月二十一日，比哥哥約翰五月二十四日亞爾得門街的轉變早三天。兩兄弟的經驗是一模一樣的，都是透過馬丁路德為保羅書信的註釋（一個是致加拉太人書，一個是致羅馬人書），滲入因信稱義的信念，親自體驗，生命頓起震撼性的轉變。衛斯理兄弟的轉變經驗，如保羅及路德所經歷的一樣，先是力求靈性完備，但後來覺悟，只靠自己的義去遵守形式化的規範是無濟於事的，在惆悵之餘承認自己的不義，相信上帝的恩惠，方才得蒙赦免，內心的矛盾於是迎刃而解了。

衛氏兄弟在這個過程中有何新的啟示呢？那就是在主體認知上對基督的救恩有清晰的明瞭，清晰的明瞭復確定第一身的信念，以致加深內在的熱忱。保羅與路德都同有第一身的主體經驗，不過衛氏兄弟的日記清楚俐落記錄他們的經歷，歷歷如在目前，而他們（幸賴莫拉維派的朋友的提醒）就保羅及路德的第一身說法而激發的自我反問是一具啟發作用的認知渠道。直至今日，我們可以同樣自問：保羅或路德所稱的「我」（蒙恩的我、被赦免的我）是否我自己？如此撫心自問是一種屬靈操練的途徑。

不過，單一面的主體化經驗有偏激的危險。後來因為有些莫拉維派人士絕對化了因信稱義的片刻，而稱義者此後亦靜止了一切的善行，令衛斯理與他們爭辯（有所謂「靜止爭論」〔stillness controversy〕）。衛斯理強調必須有成聖以平衡稱義，以下再詳。

另一方面，福音與律法的辯證，或關係這個大論題有助制衡將恩典絕緣的傾向。路德和加爾文在這論題上都有重要的言論。福音固然超越律法主義，但福音不能廢除律法；反之，沒有律法的福音失去其整全性。換言之，沒有律法支撐著的救恩是軟柔薄弱的。這樣的恩典不足以建立剛正之義。約翰．衛斯理也十分注意福音與法律的關係。他是不同意「反律法主義」（antinomianism）的。他在福音與律法的論題上的貢獻不在於他有甚麼新見解而在於他把耶穌的登山寶訓置放在律法的本體之內，亦即是把愛的誡命放入律法的核心。他曾說，「我之所謂宣講律法就是闡明及履行基督在登山寶訓中宣布的誡命。」[2]衛斯理的四十四篇《標準講章》之中，有十三篇是講登山寶訓的。

最後，常有人辯論，應用甚麼名稱來形容約翰．衛斯理亞爾德門街的經驗。是不是“conversion”？若“conversion”是「改信」的意思，從一個教改信另一個教，則亞爾德門街經驗不是改信。是不是“rebirth”（重生）或“new birth”

（新生）或“regeneration”（再生）？衛斯理都用這些詞彙，但沒有指定哪一個適用於他的亞爾德門街經驗。他的《四十四篇標準講章》有兩篇是以“New Birth”為題。“The New Birth”那篇以約翰福音三章7節為引題：「你們必須重生。」（中文聖經在這裏將“born again”譯為「重生」。）按照耶穌對尼哥底母說的話，衛斯理在那篇道集中在靈裏的重生，“The Marks of the New Birth”〈新生的標誌〉也是從約翰福章三章耶穌與尼哥底母的一席話說起，強調從聖靈而生的新生命，然後論及新生命的標誌——信、望、愛。衛斯理自己及他的弟弟都有這個新生的經歷和果實。

不過衛斯理說“new birth”（新生）之時，是指一個比較長時間的歷程，「重生」則發生在一個時刻，是「新生」的開始。另外一個字，衛斯理也常用，是“regeneration”（再生）。就衛斯理而言，“regeneration”也是在一個時刻發生的事，亞爾德門街經驗也就是這樣「再生」的時刻。中文翻譯「重生」可能比「再生」熟識。如果要我作一個選擇，就用「重生」吧，只是要記著這「重生」還伴以「確信」和「內心溫暖」的成分。

二、衛斯理的成聖觀

衛斯理兩兄弟「重生」之後，靈性生命加添了前所未有的活力。約翰擅長講道，一有機會便去傳揚他新近體驗的信息，初時以英國教會即他從乃父承接過來的厄普臥（Epworth）牧區為基地，同時來往與莫拉維派有聯繫的會社。查理士亦會證道，不過他更喜歡作歌詞，譜後成為聖詩，頌讚主恩。話說牛津聖潔會社的一員，名叫威特腓德（George

Whitefield），本屬加爾文派，也有一個生命更新的經驗，亦常參與戶外的佈道工作。他邀請約翰．衛斯理加入露天佈道，衛氏在布里斯它（Bristol）的一個小山上講解登山寶訓，聽眾有三千人之多，反應出乎意料之外的熱烈。之後，他有更多機會向煤礦工人及貧苦基層傳福音。學者型的約翰．衛斯理搖身一變成為一個露天佈道家。他愈佈道，愈有勁，並充滿熱誠——同時他發覺他愈加關心勞苦大眾。弟弟查理士也多時陪同哥哥在佈道會中教會眾唱他所作的詩歌。他們更建立小組式會社去幫助悔改後的信徒在靈性上成長。

衛斯理既然親歷得救的經驗，就自然樂於在愛中去與別人分享這個信息且培養眾人。

用神學界常用的理念來闡述，稱義（justification）和成聖（sanctification）是連接起來的。稱義是蒙恩脱罪，成聖是在主恩中成全。**衛斯理神學路線的特色是稱義與成聖是恩典的兩面——一方面上帝恩赦罪，另一方面上帝恩成全**。恩典將稱義與成聖連結一起，天衣無縫。衛斯理不是惟一神學家兼顧稱義與成聖，但他不偏不倚地同等並重兩者，而貫徹始終地以恩典滲透其中。

在稱義方面，衛斯理與路德一脈相承，前篇已經説過。信徒本著恩被稱為義之後，他是不是按照上帝的義而成全呢？是的；其實路德亦著重信徒的善行。他寫〈論善功〉（"The Treatise on Good Works"）的目的是要糾正一個錯誤的觀念，以為以信德為首，就是棄絕善行。相反的，一個人因信稱義以後，善行從信仰源源而流；善行不是以積功德，乃是信德所結的果子。〈基督徒的自由〉（"On Christian Liberty"）開宗明義的宣稱：「基督徒是全然自由的眾人之主，不受任何人管轄。基督徒是全然順服的眾人之僕，甘受任何人管轄。」基督徒享受自由，但他用他的自由去服侍人。這是負責任的自由，而服侍人乃是按照上帝的公義而行。負責、服侍、行公義，乃出自對上帝的信奉，這不是源自上帝的善行是甚麼？路德所要警戒的，是以善行為功德，循律法去求救，本末倒置。衛斯理是完全同意的。

不過，路德對人的存在不是這麼理想化。即使是一個因信稱義的人，他一日生存在世，一日依然在有罪的世界存活。他有一句名言：*Simul justus et peccator*，中文可譯為，「稱義而同時是罪人」。這句看來是自相矛盾的話令人費解。

衛斯理不能苟同。他的看法是，人既稱為義，就同時得以成聖。當然，稱義與成聖都有恩典為主宰。稱義，就是上帝建立正當的關係；成聖，就是在神人正當關係上成長。並不是説，人變成十全十美；但義人已經不受罪的纏繞，而在愛德上臻向完善。

衛斯理有時用「完善」或「完全」（perfection）為「成聖」的同義詞。「完善」一詞每每引起誤解。他有一篇講章〈基督徒的完善〉（"Christian Perfection"）去講解他之所謂「完善」的意義。這篇講章引用腓立比書三章12節：「這不是説，我已經得著了，已經完全了；我乃是竭力追求，或者可以得著基督耶穌。所以得著我的。」

講章開首解釋「完善」不是甚麼。完善不是全知——全備的知識。完善不是完全無缺——身體的缺陷或才能的欠缺。完善不是全部免受誘惑。

那麼「基督徒的完善」是甚麼呢？從罪得赦免説起。罪既得赦，就是不在罪惡中活著，可以説是離開了罪惡。是不是從此不再犯罪呢？做人的方向已有大轉變，壞脾氣、惡意念早就應該消除了。意志漸漸堅定了，不會刻意地或習慣性地犯罪。從正面來說，蒙恩罪得赦免是轉向施恩憐憫人的主。「祂先愛我們，我們也彼此相愛……上帝就住在我們裏面，愛祂的心在我們裏面得以完全了。」（約壹五12）

衛斯理抓著完全這點加以發揮，基督徒的完善是在基督的愛中得以成全。基督徒的意志、情操、生活、習慣、待人都浸淫在基督的愛中，臻於至善。這就是成聖之道。

臻於至善的成聖亦可稱為聖潔（holiness）。聖潔是今生所能達致的。聖潔就是盡心盡性盡意去愛上帝以及愛人如己。當誡命滲透人心，人便過著聖潔的生活。

對於了解成聖，衛斯理與路德分庭抗禮。兩者的差異可追溯至如何應付罪惡的問題上。他們都承認有所謂「原罪」的事。原罪根深蒂固，但藉著耶穌基督的恩典，凡是信他的，罪性消除了，可稱為義人。罪性清除了，此後義人如何存在呢？路德認為，即使是稱義的人依然處於罪惡的世界而不易全部擺脫罪惡的陰影，因此他揚言「人稱義而同時有罪」。這不是自相矛盾的說法嗎？一個可能的演繹是，人的存在是困局，不是處於黑白分明的世界，而是到處是灰色曖昧的地帶，在這情形之下，不易一下子可以清楚俐落地擇善避惡，卻有時不能不在兩惡中取其次惡者。路德有一次語出驚人地回答一個人問如何選擇兩難：「大膽地去犯罪吧！」（"Sin boldly！"）在路德看來，成聖不可能在世上全然實現，而是末世之事。相反地，衛斯理的看法是，一個人被稱為義之後，隱藏著的罪已經浮現了，在上帝恩助力之下，義人不會再有意識地去犯罪，而同時，又在上帝恩支持之下，有意識地踏上成聖的路，那條路不是污染罪惡，今生可成全。衛氏承認人有時會軟弱倒退，不過他強調一個人堅定了正確的方向之後，他不會再受罪的纏繞，意志堅強的，往前直跑，以基督耶穌為創始成終者。

路德與衛斯理，誰是誰非呢？要回答，先試看兩者不同的背景。路德不錯在內心掙扎中從聖經的啟示得到亮光而獲釋放，可是他如臨大敵的面對龐大腐敗的教會，儘管改教運動有廣大的支持，他仍然遇著種種阻攔。至於屬世的權勢，他得到韋瑟（Frederichthe Wise）選候的庇護，然而他並不意識到屬世的美善，極其量他的「兩個國度」論調勸信眾對聖與俗有分別的效忠。總之，人是處於相對的困境之中，所以人不能時時作出絕對聖潔的抉擇。衛斯理也經歷內心的掙扎而結果得到勝利，正如保羅及路德所經歷的，但他並不覺得無論在教會或屬世有敵對勢不可擋的惡勢力。雖然這世界並不是天國，他認為他有足夠的空間去滿足內在屬靈生命的要求以及在羣體生活中去實踐天國的訓示。只要信徒忠於上帝的誡命，由愛的誡命為總綱，他們是可以過著聖潔的愛的生活的。衛斯理同人在服務工作上，如同在佈道及牧養事工上，是熱誠不懈的。要評議路德與衛斯理對成聖的看法，可從評議者的處境經驗著手。如像路德那樣身處較嚴峻的困境，就會同情他對今生成聖的保留看法。如像衛斯理那樣在世間有較大的空間去實現聖潔的生活，就會同情他對成聖的樂觀姿態。

除了處境化的觀點之外，對成聖的本性有不同之處。衛斯理把成聖看為神人合作的結果，即是說，他給予人較大的自由去選擇聖潔的道路。誠然，他堅持愛始自上帝恩，可是上帝的恩典，不像加爾文派所言，不是無可抗拒的。換言之，人有謝絕上帝恩的自由。既有拒絕上帝恩的自由，當然有拒絕罪惡的自由。按衛斯理的講法，在人稱義之後，罪已經不是潛意識的捆綁，而是可以讓人有意識的去處置的。義人在拒絕罪惡之餘，就可選擇成聖。成聖需要人的回應，如此一來，成聖豈非神人合作嗎？不錯。基督教思想史有一個名詞，"synergism"，就是用來處理這個神學問題的。這個名詞，可譯為「神人協作」，亦可用在衛斯理的成聖視點上。不過，人所作出的力量怎樣是協助上帝，怎樣是自救，神學家們有不同的見解。路德宗和加爾文宗的人士惟恐人賴一己之力去自救，所以一直貶低人的努力而高舉上帝的恩典。衛斯理則容許人有較大的空間去回應上帝恩以達致成聖，直至「完全」的地步。另一個名稱有時加諸衛斯理身上的是「半亞米紐斯主義」（"Semi-Armenianism"）。亞米紐斯（Arminius）是改革宗（Reformed）的神學家，他不同意加爾文的「命定論」，他認為上帝恩是施給任何人的，但人有拒絕恩典的自由。當時，有人同情這個論點，但以防人的自由流為獨立自主，忘卻上帝恩，因此有所謂「半亞米紐斯主義」，將人的回應與上帝的救恩平衡起來。衛斯理不拒絕「半亞米紐斯主義者」的稱呼。本人認為不論用甚麼神學術語，無需在牛角尖上去鑽來鑽去，更重要的是由經驗的證實，無論是驗證上帝的救恩或人的奮力。衛斯理宗的神學是驗證神學（experiential theology），由經驗去證實神學的理念。

至於完全的愛如何在錯雜縱橫的世事上落實，那絕對不是簡單的事。有人認為在今日複雜的社會，仁愛依然是必須有的，而同時社會公義不可或缺，甚至加以發揮，否則衛斯理所聲稱的成聖生活難以成為整全。[3]

剛才提到恩典是否可以被抗拒的問題。為了這個問題，衛斯理多次與加爾文派的人士辯論。加爾文派宣言上帝恩在被揀選的人身上是無可抗拒的，而揀選誰蒙恩、誰不蒙恩，完全是上帝的旨意，人沒有自由。這就是加爾文派的「預定論」（Predestination）的精粹。衛斯理極力反對這套理論。他曾與他的前聖潔社社友及後來的佈道同工威特腓德為這問題進行激烈辯論。他不僅在理論的層面辯論，並且在實踐的層面辯論。大概是因為考慮佈道的效果，威特腓德一度將預定論的爭論低調處理。後來有「加爾文派循道派」（Calvinistic Methodism）的興起，不過勢力並不強大。

講到衛斯理的成聖論，一方面有積極的影響力。從衛斯理運動的增長來説，人所授予的自由，在上帝恩偕佑下的自由，確然鼓勵人去盡他們的力量，無論是佈道、牧養、服務，都增加衝勁。從聽道者的心態來看，既然人人都有回應上帝恩的自由，受感動者為何裹足不前去接受救恩呢？所以參加佈道的人眾多，決志信主的人亦眾多。

另一方面，衛斯理成聖論有負面的影響。其中一個因素是，他所用的「完全」、「完美」的詞彙常常誤導人以為他們已經成全了，結果形成自以為義的心理。的確，衛斯理運動的歷史就有多次的缺裂，久不久便有一班人自認比其他人完善或聖潔。衛斯理傳統對「確信」的注視，甚至可計算到準確的年日時辰，更加強自義的確信。不少聖潔支派就這樣屢次產生出來。

衛斯理本人有大公教會精神的涵養。他畢竟是英國國家教會出身的牧師，他是在客觀形勢所逼之下才不得已去建立一個獨立的組織，稱為循道會（Methodist Chrurch）。他推動團契式的會社去培養靈性。但他極力將會社團結起來歸管於一個建制教會之下。所以他的教會觀是「大教會包含小團契」（*ecclesia ecclesiola*）。他又非常重視聖禮，他接納嬰孩及成人的洗禮，又勉勵教友經常往教會參加聖餐。此外，他既從大公教會的傳統（東正教、天主教）吸取珍貴的屬靈及神學資源，又放寬胸懷去接納各派別的意見及實踐。衛斯理的大公教會精神直至今日在衛斯理宗的主流教會繼續發揚光大。

註釋：

1. Albert Outler ed., *John Wesley*（New York: Oxford U.Press, 1964），參考該書的引言。

2. 同上，頁232。

3. 見John B. Cobb, Jr.,*Grace & Responsibility*: *A Wesleyan Theology Today*（Nashvilles: Abingdon Press, 1995）pp.125-133。

作者簡介

作者簡介

伍渭文：信義宗神學院實踐神學教授

鄧肇明：已退休。前信義宗神學院教會歷史客座教授

蕭克諧：信義宗神學院榮譽院長

周兆真：信義宗神學院副院長、新約副教授

羅永光：信義宗神學院系統神學副教授

方文傑：前信義會真理堂主任牧師

鄧紹光：信義宗神學院神學與文化副教授、艾香德教席

戴浩輝：信義宗神學院代院長、舊約副教授

杜念甘：信義宗神學院延伸課程主任、實踐神學講師

何崇謙：中國神學研究院神學助理教授

鄭順佳：中國神學研究院神學助理教授

曹偉彤：美國Valparaiso University神學系助理教授

郭鴻標：中國宣道神學院神學講師

李景雄：信義宗神學院神學與文化教授

緊加時代　服事教會

以文字傳揚基督真道

讀者意見表

衷心多謝你購買本社書籍。本社一直致力以出版事工服事教會，幫助信徒扎根於神的話語，促進靈命增長。為使我們的出版更能滿足你的需要，請填寫下列各項資料，並寄回或傳真予本社。

所購書籍：＿＿＿＿＿＿＿＿＿＿＿＿＿＿

本書最吸引你的地方：

☐作者　☐適切性　☐文筆　☐設計　☐實用性

☐其他：＿＿＿＿＿＿＿＿＿＿＿＿＿＿

購買本書地點：

☐基道書樓　☐基督教書店　☐非基督教書店

性別：☐男　☐女　職業：＿＿＿＿＿＿＿＿

信仰：☐基督徒　☐非基督徒

年齡：☐16歲或以下　☐17～25歲　☐26～35歲

☐36～55歲　☐56歲或以上

學歷：☐中三或以下　☐中五　☐預科

☐大學　☐研究院

☐我欲更多了解基道出版社的事工及考慮支持，請寄給我下列資料：

☐機構簡介　☐新書資料　☐「書中行」書會資料

☐《基道文字事工通訊》

姓名：＿＿＿＿＿＿＿＿＿＿電話：＿＿＿＿＿＿＿＿

地址：＿＿＿＿＿＿＿＿＿＿＿＿＿＿＿＿＿＿＿＿

＿＿＿＿＿＿＿＿＿＿＿＿＿＿＿＿＿＿＿＿

傳真：＿＿＿＿＿＿＿＿電子郵件：＿＿＿＿＿＿＿＿

其他意見：＿＿＿＿＿＿＿＿＿＿＿＿＿＿＿＿＿＿

＿＿＿＿＿＿＿＿＿＿＿＿＿＿＿＿＿＿＿＿

多謝賜教！

基道出版社

意見表可以傳真（2687-0281）或直接郵寄以下地址：
香港沙田火炭坳背灣街26號富騰工業中心1011室
基道出版社編輯部收